白川静先生から学ぶ
成り立ちとつながりでわかる
漢字ノート

平凡社

立命館大学白川静記念東洋文字文化研究所 監修
立命館大学附属校白川式漢字学習法開発委員会 編

目次

4　人事

5　動物・植物

6　もの

はじめに

このテキストは、白川静先生(立命館大学名誉教授)の文字学に基《もと》づいた漢字の学び方を知ってもらうために作りました。

みなさんはこれまで漢字をどのように習ってきたでしょうか。「筆順」や「とめ・はね」に気をつけながら何回も繰り返し書いて覚えなさいと教えられたのではありませんか。ですから、機械的であっても繰り返し書いて覚えるしか漢字の覚え方はないと思っているかもしれません。しかし、白川静先生は漢字にはもう一つの覚え方があるとおっしゃいました。それが、このテキストのもとになった「成り立ちとつながり」で漢字を学ぶという方法です。

漢字は今から三三〇〇年ほど前、古代中国の商《しょう》(殷《いん》)という国で生まれました。今私たちが使っている漢字のすべてが、その時代に作られたわけではありませんが、三〇〇〇年以上前に作られ、今も使い続けられている漢字はたくさんあります。

漢字には「形」があり、「音」があり、「意味」があります。漢字を生み出した人々は、漢字の「形」を考えるとき、「意味」が一番よく伝わる形にしようと考えたに違いありません。ですから、古代の人々の思いや考えは、漢字の「形」の中に込められているはずです。

でも、漢字が誕生してから長い時間が経《た》つうちに、「形」は徐々に変化し、今ではもとの「形」がわからない字の方が多くなってしまいました。今の漢字を眺《なが》めてみても、漢字を生み出した人々の思いは伝わりにくいのです。

そこで、生まれたての漢字にもどって漢字の「成り立ち」を探ってみれば、古代の人々がどんな思いで一つの漢字を生み出したのか理解できるはずです。その思いを理解して漢字を覚えようというのがこのテキストです。「成り立ち」を学べば、漢字のルーツ(根っこ)がみえてきます。ルーツをつかめば、忘れにくいはずです。

漢字は、思いを込めた一つの漢字が生まれると同じ考え方を持つ新たな漢字が作られました。漢字は一つ一つバラバラにできたのではなく、一つの基本になる漢字が生まれると共通の発想をもつ新たな漢字が生み出されていきました。同じ発想で生まれた漢字はまとめて覚える方が効率がいいと白川先生はおっしゃいました。漢字と漢字とのつながりが理解できれば、漢字をグループとして覚えることができます。

漢字を「成り立ちとつながり」で学ぶ。これが、漢字を覚えるこのテキストの方法です。漢字を何度も書いて覚えることはもちろん大切ですが、それと併《あわ》せて「成り立ちとつながり」で覚えることを知っておけば、みなさんの漢字の世界は間違いなく広がっていくと思います。

この小さなテキストがその第一歩になればと願っています。

凡例にかえて

＊このテキストは見開きの一ページ目に三つの漢字を取り上げています。漢字ごとに、「成り立ち」の説明とそのもととなった「古代文字」、「イラスト」が書かれています。「古代文字」には書いてみたいという方のためになぞり書き用の欄もつけました。

二ページ目は、一ページで取り上げた漢字とつながる漢字をさらに三つ取り上げ、簡単な説明をしています。こちらの古代文字にも、なぞり書き用の欄をつけました。

「漢字問題」は、一つの漢字を知ったら、ぜひその使い方を知って、語彙《ごい》力を広げてほしいとの思いから設けました。最後に、「白川先生のことば」が載《の》せてあります。白川静先生にはたくさんの著書がありますが、その著書の中にはきらりと光ることばがいっぱいあります。そんな珠玉《しゅぎょく》のことばのごく一部ですが、白川先生からの伝言として味わってみてください。

＊「成り立ち」の説明は白川先生の文字学の成果をベースとしています。古代文字とは最古の文字「甲骨文（三三〇〇年前）」、青銅器に鋳込《いこ》まれた「金文（三〇〇〇年前）」のことですが、このテキストは小・中・高生を始め一般の方々の漢字学習に役立ててほしいとの思いで作ったことをふまえ、秦の始皇帝が文字を統一した時代に用いられた「篆文《てんぶん》（二二〇〇年前）」を含めて「古代文字」として扱っています。

＊漢字の音訓は、代表的なものを取り上げています。

＊「イラスト」は、イラストレーターの金子都美絵さんに描いていただきました。成り立ちの理解を助けるためにイメージ化していただいたものです。金子さんのイメージの深さが皆さんの古代文字への理解の一助になることを願っています。

＊「古代文字」は『字通』CD－ROM版（平凡社）に収められた文字を使用しています。

＊漢字の中には古い時代の文字がないものがあります。その場合は「古代文字なし」と表記しています。

神さまと漢字〜𠙵《さい》について

漢字は今から三三〇〇年ほど前に古代中国の商《しょう》（殷《いん》）という国で生まれました。当時の王さまは、国の大事なことを神さまの意向を聞いて決定していました。そのための方法が亀の甲羅《こうら》や獣《けもの》の骨を使った「占い」でした。神さまにお願いする内容やその結果を亀の甲羅や獣の骨に文字（甲骨文字）として刻んだのが、漢字の始まりでした。ですから、生まれたての漢字は、人と神さまとのコミュニケーションのために作られたといえるかもしれません。

三〇〇〇年以上も前の古代中国の人々にとって、長雨《ながあめ》や日《ひ》照《で》り、洪水《こうずい》などの自然の脅威《きょうい》や病気などは、生きていくことを左右する重大なことでした。現代の私たちでも災害を防ぐことはできないのですから、古代中国の人々は自然の脅威に遭《あ》うたびに人間の力の及ばぬことがこの世にあることに恐れおののいたに違いありません。人間の力を超えた何者かがこの世を支配していて、その何者かが怒れば災《わざわ》いが起き、機嫌《きげん》がよければ幸いをもたらすと考えたとしても不思議ではありません。人々はその何者かを「神」と呼んだのでした。「占い」を通して神さまにお伺《うかが》いを立てるのも、人間の力を超えた「神」の声を聞いて判断をすることには間違いはないと信じていたからでした。生まれたての漢字が神さまとの関わりの中で説明されることが多いのもこうした理由からでした。

白川先生の研究の中で最も大事な発見となった「𠙵《さい》」も、神さまとの関わりの中で見つけられたものでした。

「𠙵」とは何でしょうか。私たちが使っている字には、右・石・兄・吉・名・古・可・否など多くの「口」の形が入った字があります。これらの字のもとの形である甲骨文・金文をみると、「口」の部分はみな「𠙵」の形をしています。今、私たちは「口」は耳鼻口の「くち」の意味で使っていますが、白川先生は「𠙵」の形が入っている甲骨文・金文の用例を検討する中で、「口」は確かにのちの時代に「くち」の意味で使われるようになった字だが、漢字の生まれたてのころの「口」は「くち」という意味ではなかったのではないかと考えられました。

第一に、「口」という字の古代文字をみると「くち」の形をしていません。むしろ「器」の形です。古代文字「𠙵」は、両側から角《つの》が生えたような突き出た線があり、中に「落としぶた」のように見える線があります。円く閉じた「くち」の形とは明らかに違います。

第二に、「くち」という意味でとらえると意味の説明できない字がいくつも出てきました。例えば、「石」、「右」、「古」、「可」、「否」などの古い時代に作られた字は「くち」の意味では説明ができませんでした。

そこで、白川先生は、「𠙵」を含む使用例を集めて検討した結果、「𠙵」は「神さまへの願い事を入れる器」、蓋《ふた》のついた器を横から見た形であると考えられました。こうして捉《とら》え直すと、甲骨文・金文の「𠙵」の入った漢字の意味が理解できるようになりました。その成果を、四五歳の時（一九五五年）『釈史』という論文にまとめて発表されました。これが、「𠙵の発見」です。そこで、白川先生は耳鼻口の「くち」と「願い事を入れる器」の意味で用いられる「𠙵」とを区別するために「願い事を入れる器」の意味で使う「𠙵」に「さい」という音をつけられました。

このテキストにも繰り返し「口」が「𠙵」の意味で使われる例が出てきます。どのように使われているのか確認しながら読んでみてください。

1 人体

① 耳をすませば、神の声

聖

セイ

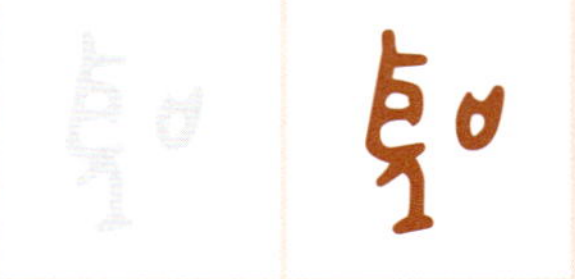

聖のもとの字は聖。聖は耳と口と壬《てい》との組み合わせ。壬はつま先立ちの人を横から見た形。口は凵《さい》で、神さまへの願い事を入れる器の形。壬の上に大きな耳の形をかいて、「きく」という耳の働きを強調した。つま先立って神さまに祈り、神さまの声、神さまのお告《つ》げをきくことのできる人を聖といい、聖職者の意味となる。

聴

チョウ

きく

聴のもとの字は聽。聽は耳と壬と徳の一部との組み合わせ。壬に耳と徳の旁《つくり》を加え、聡明で徳のある人が神さまの声を「きく」ことができることを表す。そこから「きく」の意味となる。現代では意識して「きく」ことを聴くといっている。

聞

ブン
モン

きく
きこえる

聞は耳と門との組み合わせ。古くは、古代文字（甲骨）のように横から見た人の上に大きな耳を描いて「きく」という耳の働きを強調した形であった。古代の人は耳には神さまの声を「きく」働きがあると考えていた。のちに、神さまを祭る社の門を加えて、今の聞の形となった。神さまの声を「きく」ことから、やがて、広く耳で音を感じること全般を聞というようになる。

漢字の「つながり」

恥

チ

はじ／はじる
はずかしい

耳と心の組み合わせ。心にはじることがあると、まず耳が赤くなり、はじらいが耳に現れるということから、「はじる、はじ」の意となる。

聡

ソウ

もとの字は聰。聖は神さまのお告げを聞くことができる人。その神のお告げをしっかり理解できることが聡明（さとい）ということ。

声

セイ／ショウ

こえ／こわ

もとの字は聲。殸《けい》は石の楽器を打ち鳴らす形。耳に聞こえるその音を聲といった。のち、楽器の音から人のこえに使うようになった。今の字は略体。

漢字問題

① 夏休みはケンブンを広める旅に出よう。

② 講演に多くのチョウシュウが集まる。

③ 秋の夜は、耳をすまして虫の声をキく。

④ オリンピックのセイカが会場にともる。

⑤ 夜を告げる鐘の音がキこえる。

解答欄

白川先生のことば

文字の起源を考えるのは、楽しいものである。漢字は形を持つ表意文字であり、その形は、漢字が成立した時代の人びとの生きかたや考えかたを、具体的に示している。それぞれの文字は、その当初の形をなおもちつづけながら、みずからの素性を語りたいと欲しているようである。

（1—②に続く）

『白川静著作集1』169ページ

1 人体

② 見ることの力

見

ケン

みる
みえる
みせる

見はひざまずいた人を横から見た形。大きな目を書き、目の果たす役割を強調した字。もともと見は単にものを見るだけでなく、見ているものから新しい力をわが身に取り入れ、相手と内面的な交渉をもつことでもあった。例えば、生い茂った木をじっと見ることは、木のもつ強い生命力をわが身に取り入れることができると信じられていた。

省

セイ
ショウ

はぶく
かえりみる

省は生と目との組み合わせ。のち、上部が少に代わった。上部は、物事を見抜く目の威力を高めるために、目の上に眉飾《まゆかざ》りをした形。物事を見抜く目で地域を見回り、不正を正すことを省という。それは、我が身を振り返ることにも、不正を取り除くことにもなるので、「かえりみる、はぶく」の意味となる。

直

チョク
ジキ

ただちに
なおす
なおる

直は省と乚《いん》との組み合わせ。省は目の上に眉飾りをして、不正を見抜くために目の力を強めること。乚は塀を立てている形で、「かくれる」の意味がある。直はものごとの隠れている部分（真実）を、その目の力で見抜くことをいう。それで、「ただす、なおす、まっすぐ、すなお」などの意味となる。

漢字の「つながり」

相《ソウ／ショウ》 あい

木を目で見る形。木を見ることは、樹木の盛んな生命力を見ている者に与え、見る者の生命力を助け盛んにする相互作業である。

看《カン》

広げた手を目の上にかざして遠くを見る形。遠くをしっかり見ようとすると今でも同じポーズをとる。

夢《ム》 ゆめ

ベッドの上に眉飾りをつけた大きな目の人がいる形。夜、睡眠中に見るこわい夢はこの人のせいかもしれない。

漢字問題

① 工場ケンガクに出かける。

② ソッチョクに意見を言う。

③ 詳しい説明はハブきます。

④ ジキヒツのサインをもらう。

⑤ 作法はショウリャクして下さい。

解答欄

白川先生のことば

（1―①から続く）

もしわれわれが、虚心にかれら（漢字）に対したならば、漢字は、三千数百年以前の、歴史にも文献にも伝えることのない当時の事情を、いろいろと話しかけてくれるであろう。

『白川静著作集1』169ページ

③ いろいろな「おもい」

思《シ　おもう》

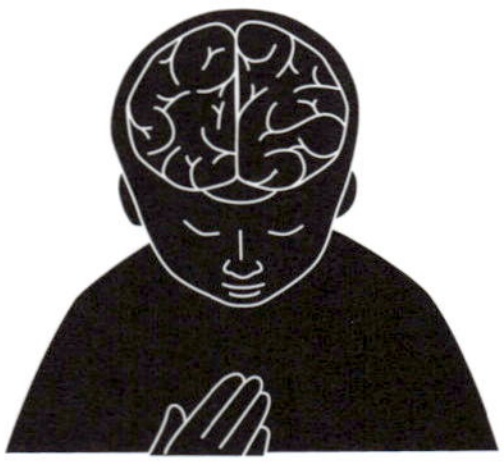

思のもとの字は恖《し》。囟《し》は子どもの柔らかい脳みその形。「おもう」ことは心の働きだと古代の人々は考えた。その「おもう」の中でも、脳を使って「おもう、かんがえる」ことを、心の上に脳みその形をのせて表した。古く日本語の「おもふ」は面ふと書くように顔（面《おも》）に表れる素朴な喜怒哀楽の感情を表す語でしかなかった。しかし、中国から漢字が伝わり、「おもう」を表す多様な表現の仕方に出合うこととなる。

念《ネン》

念は今と心との組み合わせ。今は栓《せん》のついている蓋《ふた》の形。心は心臓の形。心に蓋をして心中深くおもうことを念という。念ずれば通ずというように人知れず深く心におもうことをいう。

想《ソ　ソウ》

想は相と心との組み合わせ。相は生い茂った木の姿を見ることで、木の生命力を取り込んで、見るものの生命力を高めること。その取り込んだパワーを離れた人に及ぼして、会えない人のことに思いをはせることを想という。そこから想像（見えないもの、経験したことのないことを頭の中におもい描《えが》くこと）のように用いる。

漢字の「つながり」

意
イ

音で告《つ》げられる神の心を「おしはかる」ことから、「おしはかって思う」の意。

憶
オク

意と同意。神意を心のうちに思いはかること。経験したことを記憶し、それを思い出すこともいう。

懐
カイ
なつかしい
なつかしむ／ふところ

亡くなった人の衣の上に涙《なみだ》するすがた。生前をしのんで懐かしく思うこと。4—⑤の解説も参照のこと。

漢字問題

① シコウカをみるテストを受ける。

② ネンブツを唱《とな》える。

③ 竜はソウゾウ上の動物だ。

④ ネンのために確認する。

⑤ ソウテイ外の事故が起きる。

解答欄

白川先生のことば

漢字の持っている魅力《みりょく》、これは一つの知識の体系である。歴史的な文化である。そういう観念で文字を見なければ、文字は単なる命のない記号に終《おわ》る。

『桂東雑記Ⅳ』192ページ

1 人体

④ 手が支える

支

シ

ささえる

支は十と又《ゆう》との組み合わせ。十は木の小枝。又は物をつかむときの手の形。支は小枝を手にもつ形で、枝のもとの字。「本《もと》」に対して枝分かれしたものをいうので「えだ、わかれる、わける」の意味となる。支店、支流というときの使い方である。木の枝は物を支えることにも使うので、「ささえる」の意となり支持、支柱という。

受

ジュ

うける
うかる

受は上下の手を合わせた形の𠬪《ひょう》（）と盤《ばん》を示す舟（）との組み合わせ。盤の中に入れたものを、上の手は与え、下の手は受ける形である。それで、上側からいえば「さずける」、下側からいえば「うける」の両方の意味で最初用いられたが、のち、「さずける」の意味の授が作られたので、受はもっぱら「うける」の意味にのみ用いる。

反

ハン
タン
ホン

そる
そらす

反は崖《がけ》の形の厂《か》と手の形の又との組み合わせ。反は急な崖に手をかけてよじ登ろうとする形で、急なために身体がそりかえることをいう。反は聖なる場所を犯《おか》そうとよじ登る行為だと考えられたため、叛逆《はんぎゃく》（そむきさからうこと）とみなされた。それで、「そむく」の意味に用いる。国語では「そる、そらす」とよみ、体を反らすという。

漢字の「つながり」

技《わざ》 ギ

枝分かれした細かな仕事を巧みに仕上げて、物を生みだす手仕事の中に、わざは隠されている。

取《とる》 シュ

耳と又（右手）との組み合わせ。戦場で討ち取った者の左耳を、討ち取った証拠として手で切り取ることをいう。

返《かえす／かえる》 ヘン

道を行く辵《しんにょう》（⻌）と反との組み合わせ。道を行き、Uターンするようにもとに戻《もど》ることが返。

漢字問題

①アカデミー賞をジュショウした。

②光がハンシャしてまぶしかった。

③シリ滅裂な話だった。

④それは予備費からシシュツしよう。

⑤ハンコウ的な態度をとる。

解答欄

白川先生のことば

漢字離れと言いますと、ただ漢字だけが嫌《きら》われておるというふうに思われやすいんですけれども、私は実はそうではなくて、一般に目で読む、文章を読むということ自体が敬《けい》遠《えん》されておるんではないかと思います。

『桂東雑記Ⅳ』186ページ

⑤ 両手で捧げ持つ

共
キョウ
とも

共は両手にそれぞれ物を持って捧《ささ》げている形。古い字形は左右の手を並べた形。おそらく、何らかの儀礼のときに使う呪器《じゅき》（祭りの道具）を両手でうやうやしく捧げ持って神さまを拝むことを示す字であろう。それで、共は「つつしむ、うやうやしい」の意味となり、左右の手をともに捧げるので、「ともに、とも」という意味も持つ。

具
グ

具は貝《ばい》と廾《きょう》との組み合わせ。貝は、ここでは海の貝ではなく、鼎《かなえ》（食べ物を煮るための青銅器）の形である。廾は左右の手を並べた形であるから、具は両手で鼎を捧げ持つ形を表す。祭祀のとき、鼎は、うやうやしく捧げ持って、神さまに具《そな》えられる祭器でもあった。その鼎に入れる物を用意することを「そなえる」という。

兵
ヘイ
ヒョウ

兵は斤《きん》と廾との組み合わせ。斤は斧《おの》の形。武器の斤（斧）を両手で振りかざしている姿を兵という。その武器を手に持って振りかざす人が兵士、つわものである。

漢字の「つながり」

開 カイ　あく／ひらく

閂《かんぬき》（門をしめるための横木）に廾（両手）を加え、閂を両手ではずして門を「ひらく」ことをいう。

興 キョウ／コウ　おこす／おこる

同（筒形の酒器）を左右の手（臼《きょく》）で持ち、もう一人が両手（廾）で支える形。酒を注いで、土地の神さまを呼びおこす儀礼をいう。

恭 キョウ　うやうやしい

両手に呪器をうやうやしく持って神さまに捧げる儀礼のときの心持ちを⺗（心）をつけて表した。

漢字問題

①みんなでキョウツウの課題に挑《いど》む。

②ヘイキを使うことはできない。

③大事なドウグを借りて来た。

④彼の考えにキョウカンした。

⑤運動場のユウグが壊れていた。

解答欄

白川先生のことば

教育の要諦《ようてい》は、昔も今も変わりはない。自ら疑問を見つけ、自ら探求する人間に育てることでしょう。（略）自ら疑問を持ち、自分で調べて分かったことは、絶対に忘れない、血肉となる知識です。

『桂東雑記Ⅲ』219〜220ページ

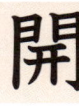

⑥ 異なる人

鬼

キ

おに

鬼は異様な顔を持つ人を横から見た形。鬼はもとは死んであの世に行った人をいう。大きな頭の形がこの世の人とは異なることを示す。鬼は魂のもとの字であったが、人を脅かす得体の知れない恐ろしい化け物のイメージへと変化していった。

異

イ

ことなる

異は鬼の形をしたものが正面を向いて両手をあげている形。田の部分は鬼の頭。異様な顔かたちをしたものが両手をあげて立っている姿なので、異は「ことなる、あやしむ」の意味となる。他とは異なることから異彩《いさい》を放つのように「際立って優れた能力を発揮する」という意味にも用いる。

魂

コン

たましい

魂は云《うん》と鬼との組み合わせ。云は雲のもとの字で雲気（雲。また、雲状のもの）の形。鬼は死んだ人。霊になってたましいの世界（霊界）にあるものをいう。人のたましいは死後雲気となり、霊界に入るものとされた。これに対して死んで骨となった姿を魄《はく》という。

漢字の「つながり」

畏《イ》《おそれる》

鬼の形をしたものが杖《つえ》を持って見えない力を発揮する姿から「おそれる、つつしむ」の意味に用いる。

醜《シュウ》《みにくい》

酒を汲《く》んで儀礼を行う人の姿。その姿が普段と異なっていたので、「みにくし」とされた。

塊《カイ》《かたまり》

鬼は大きな頭を持つので、大きなものという意味をもつ。それで、土くれの大きなものを「塊」という。

漢字問題

①検査の結果、身体にイジョウはなかった。

②キモンの方角(東北)を避ける。

③一球ニュウコンのピッチング。

④イク同音に彼の意見に反対した。

⑤ショウコンたくましいお店だ。

解答欄

白川先生のことば

人の一生は、保にはじまり、卒に終る。衣は身を包むだけではない。より本質的には、魂を包むものである。

『桂東雑記拾遺』39ページ

1 人体

⑦ 人に追いつく「及」

及
キュウ
およぶ
および
およぼす

及は人と又《ゆう》との組み合わせ。人は先に行く人、又は物をつかむ手の形である。人の後ろから手を伸ばして、前を行く人に追いつこう、あるいは、前の人を捕らえようとする形で、「おいつく、およぶ（届く、達する）」の意味で用いる。人の足元に又（手）が届いた形の古代文字は、前を行く人に後ろから追いついたことを視覚的によく伝えている。

級
キュウ

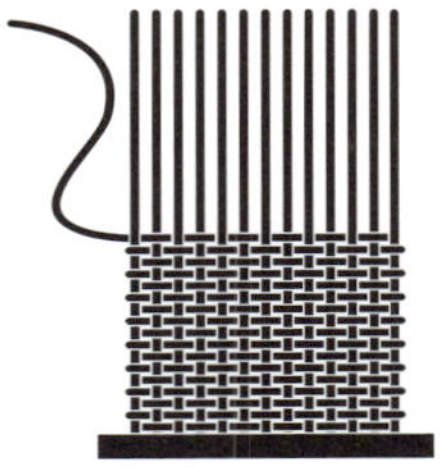

級は糸と及との組み合わせ。糸は織物、及は後ろから「おいつく」こと。織物を織るときは階段を登るように横糸を一段ずつ積み重ねて織り上げていくことから、級は広く上下の関係を表す「階級、等級」の意味で用いられるようになる。

急
キュウ
いそぐ

急は及と心との組み合わせ。「及」は人の後ろから「おいつく」こと。その及の下に心を加えて、追いつこうとして「いそぐ、はやる」心の様子を急という。もとの字（急）には手を伸ばす形が「⺕」で残っているが、現在の字では「ヨ」の形に整形されてしまっている。

漢字の「つながり」

扱
あつかう

手が届いて物に達することを「扱」という。手に取るなど手の働きをいう字だが、国語ではもっぱら「あつかう」の意味で使う。

吸
キュウ
すう

「すう」の意味に用いるが、吸は息をすうときの音を字にしたもの。この場合の口は「サイ」ではなく、耳鼻口の「くち」。

汲
キュウ
くむ

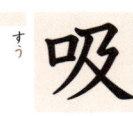

水をくむの「くむ」に汲の字を当てる。一つのことに専念したり、あくせくする様《さま》を汲々とするという。

漢字問題

①シキュウ連絡するよう頼まれた。

②キュウユウと一緒に宿題をした。

③パソコンのフキュウが進んでいる。

④被害は街全体にオヨんでいる。

⑤キュウソクに勢力を拡大している。

解答欄

白川先生のことば

古代人は大変素直な心をもっておりまして、怖《こわ》いものは怖いという、嬉《うれ》しいものは嬉しいという、そういう形が文字にすべて表現されている。

『桂東雑記V』24ページ

1 人体

⑧ 自は鼻の形

自
ジ
シ
みずから

自は正面から見た鼻の形。自は初め鼻の意味で作られたが、自分自身をいうとき、自分の鼻を指でさす動作をしたことから「おのれ、自分、みずから」を表す字として用いるようになった。自が鼻を表す意味から「おのれ」を表す意味へと代わったので新たに鼻の字が作られた。

息
ソク
いき

息は自と心との組み合わせ。自に心を加えて、心の状態が「いき、呼吸」に表れることをいう。それで、嘆息《たんそく》（嘆くときにつくため息）のように用いる。「いき、いきする」の意味から生息のように「いきる」、利息のように「ふえる」、休息、終息のように「やすむ、おわる」、子息のように「子ども」の意味など多様な使われ方をする。

臭
シュウ
くさい
におう

臭のもとの字は臭。臭は自と犬との組み合わせ。犬は「におい」をかぎわける嗅覚《きゅうかく》が鋭《するど》いものであるから、犬の鼻、臭で「におい、におう、においをかぐ」の意味を表した。臭はのち「におい」の中でも「わるいにおい、くさい」を意味するようになる。5—⑤の解説も参照のこと。

漢字の「つながり」

鼻《はな》 ビ

もとの字は鼻《び》。自に鼻息《はないき》の音である「畀《び》」を加えて鼻とした。

辺《あたり／べ》 ヘン

もとの字は邊《へん》。辺境には邪霊が住むといわれたので、鼻を上に向けたどくろを置いて清めのまじないをおこなった。

嗅《かぐ》 キュウ

もとの字は齅《きゅう》。鼻と臭との組み合わせ。臭いを「かぐ」の意。今の字は略体。嗅覚（においの感覚）と用いる。

漢字問題

① ジキュウジソクの生活を始める。

② 彼のショウソクは依然《いぜん》わからない。

③ イシュウが鼻につく。

④ 山道でイキギれしてしまった。

⑤ ガスのクサいにおいが漂《ただよ》っている。

解答欄

白川先生のことば

字というのは、一点一画、厳《げん》密《みつ》な意味を込めて、この形以外にないという形を選んでおる。武丁《ぶてい》の時代に、占いをする貞人《ていじん》という人たちが、七十人ほど一つの集団になっておって、その連中がいろいろ相談をして字をつくったに違いないんです。

『桂東雑記Ⅰ』281ページ

1 人体

⑨ 正面を向く人

大

タイ　ダイ
おおきい　おお　おおいに

大は手足を広げて立つ人を正面から見た形。これが人をおおきく見せる姿であることから「おおきい」という意味となる。人の形は、人の字のもととなった「（横向きの人）」、「大」を代表とする「（正面を向く人）」、そして令の字の中にある「（ひざまずく人）」の形などがあり、それら人の三様の形から多くの漢字が生まれている。

天

テン

天は大の上に大きな頭をつけた形。人の身体の一番上にある頭を意味する天を借りて「そら」を天というようになった。天を神聖であるという考えは殷代にすでにあり、殷（自らを商と称した）の都は天邑商《てんゆうしょう》（商の神聖な都）と名乗っていた。

立

リツ
たつ

立は大と一との組み合わせ。一は人の立つところの位置を示す。一定の位置に立つ人の形で、「たつ」の意味となる。儀礼などでその人が立つべき特定の場所を表すようにもなり「位《くらい》につく、のぞむ」の意味にも用いる。また、設立、創立などのように「つくる」の意味にも用いる。

漢字の「つながり」

夫

フ／フウ
おっと

大に一（頭髪にさしたかんざし）を加えて、結婚式での男の晴れ姿を表す。妻も髪にかんざしをつけた正装の形からなる。

交

コウ
まざる／まじわる
かう

足を組んで立っている人を正面から見た形。足を組むことから「まじわる、まじる」の意となる。交差、交錯、交友、交際などと使う。

並

ヘイ
なみ／ならぶ
ならびに

もとの字は竝。立と立とを組み合わせた形。二人の人がならんだ形からなる。並の字も竝から作られているが、古代文字の方がはるかにわかりやすい。

漢字問題

① ダイモンジの送り火を見に行く。

② 事件のリッショウに挑む。

③ 運動会はウテン順延です。

④ タイシュウ向けの雑誌です。

⑤ クラブと勉強のリョウリツ。

解答欄

白川先生のことば

漢字が象形文字として出発していることは、文字構成の原理がその音を写すのにあるのではなくて、その形を通じて、ことばのもつ本来的な意味を表現しようとしたことを示すとしなければならない。

『白川静著作集3』149ページ

⑩ 止は足あとの形

止

シ

とまる
とめる

止は足あとの形。古代中国の人々は歩くことに関わる漢字を足あとの形で表現した。足あとの形とスタートラインとの組み合わせが「出」。交互に出した左右の足あとの形が「歩」。そして歩みを止める形は片方の足あとの形そのもので示した。足踏みをしていて止まるとき、両足に力を入れてとまる、あの動作こそが止の字の原型。足あとの形で示される止は「とまる、とどまる」の意味に用いる。

歩

ホ
ブ
フ

あるく
あゆむ

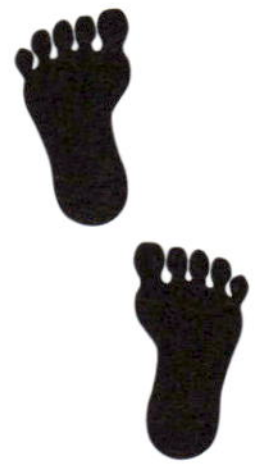

歩は止とその左右反転形の㞢との組み合わせ。左右の足あとの形を前後に連ねた形で、前に「あゆむ、あるく、ゆく」、「一歩」の意味となる。足を地に接して歩くことは、その土地の神さまに接する方法である。ゆえに、重要な儀礼の式場に向かうときは、歩いて行くのが土地の神さまに対する礼儀とされた。

企

キ

くわだてる

企は𠆢《ひとやね》（人）と止との組み合わせ。つま先立ちした人を横から見た形の𠆢（人）の下に、止を添《そ》えて、人がつま先立ちして遠くを見ている姿を示し、「つまだつ、のぞむ」の意味となる。人が遠くをのぞき見る姿は、何かをもくろんだり、計画したりするときの姿ととらえたことから、企は「くわだてる」という意味ともなる。

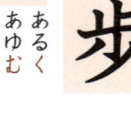

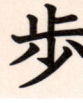

漢字の「つながり」

武
ブ／ム

武は戈《か》（矛《ほこ》）と止（ここでは進むの意）との組み合わせ。戈を持って進む姿を武という。

祉
シ

お供え物を置く台のネ（示）と足あとの形の止との組み合わせ。神さまが「さいわい」をもたらすことをいう。福祉と用いる。

渋
ジュウ
しぶ／しぶい
しぶる

もとの字は、上下の足あとが、反転した形。互いに向きあって前に進みにくいことを表す。それが、水のせいであれば、渋。今は水以外についても渋滞という。

漢字問題

①人類は常にシンポしている。

②雨で祭りはチュウシとなった。

③文化祭をキカクする。

④交差点で一時テイシする。

⑤新しい事業をクワダてる。

解答欄

白川先生のことば

頭で理解できれば、覚えようといわなくても、わかったものは忘れぬものです。

『桂東雑記Ⅰ』262ページ

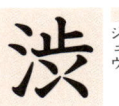

1 人体

⑪ 食器の前で何をする？

即　ソク

即のもとの字は卽《そく》。卽は皀《きゅう》と卩《せつ》との組み合わせ。皀は食器のこと。卩はひざまずく人を横から見た形。即は食器の前に人がひざまずく形で、食事の席に「つく」ことをいう。席につくことを即席といい、席につくと即食事をすることから、「すぐさま、ただちに」の意味となる。

既　キ　すでに

既のもとの字は既。既は皀と旡《き》との組み合わせ。旡はひざまずく人が後ろを向いてげっぷをする形。食事を終えて満腹になった人が、食器を前にしてげっぷをする形から、「終わる、すでに」の意味となる。

郷　キョウ　ゴウ

郷のもとの字は鄉。鄉は皀と卯《ぼう》との組み合わせ。「卯」は人が向かい合って座っている形。食器をはさんで二人が仲良く向かい合って食事をしている形が郷で、もとは「むかう」「饗宴《きょうえん》（もてなし）」の意味であった。饗宴に招かれる人（大臣など）が所有する領地を郷といい、そこから「さと、いなか、ふるさと」の意味となる。

漢字の「つながり」

食
ショク／ジキ
くう／くらう／たべる

食は食べ物を入れた器に蓋《ふた》をした形。蓋が亼の形。漢字が生まれた殷時代の食事は一日二食だった。

節
セツ／セチ
ふし

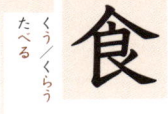

もとの字は節《せつ》。竹の「ふし」のあるところをいう。王が使者を派遣するとき、竹の札《ふだ》（割符《わりふ》）を持たせたことから使節という。

響
キョウ
ひびく

郷（鄕）と音との組み合わせ。郷は食器をはさんで向かい合っている姿。相向かい合って共鳴する音を響という。音響、交響、反響と用いる。

漢字問題

①キゾンの権利を行使する。

②キョウリに帰る。

③ソクセンリョクの人材だ。

④宿題はスデに終わった。

⑤ソクザに行動に移そう。

解答欄

白川先生のことば

「なんでこの形なのかな」とか「なんで、こんな字が使われているのかな」と考えるようになります。この「なぜか」を導き出すことが、漢字指導の上ではいちばん大事です。

『桂東雑記Ⅱ』273ページ

1 人体

⑫ 口を開いて立つ人

吹

スイ
ふく

吹は𠙵《さい》と欠《けん》との組み合わせ。𠙵は神さまへの願い事を入れる器。欠は口を開けて立つ人を横から見た形。𠙵に息を吹きかけて祈りの効果に影響を与えようとしている形が吹である。「息をふきかける」、「(楽器を)ふく」の意味に用いる。ちなみに欠席の欠《けつ》とここでの欠は常用漢字では同じ字形だが、両者は字源が異なる。

炊

スイ
たく

炊は火と欠との組み合わせ。火に息を吹きかけて火の勢いを盛んにして煮《に》炊《た》きをしている形である。「たく」という意味に用いる。

歌

カ
うた
うたう

歌は可を二段重ねした哥《か》と欠との組み合わせ。可は丁《か》(木の枝)で𠙵を打って、神さまに願いを聞き届けてもらおうと強く訴えている様子。神さまに強く訴えるときに、リズムをつけて歌うように祈ったことから、歌は「うた、うたう」の意味に用いる。

漢字の「つながり」

次

ジ／シ　つぎ／つぐ

もとは、人が口を開いてなげき、そのなげく息づかいが表されている字だったが、今は「つぐ、つぎ」の意味で使われる。

歡

カン

もとの字は歡。雚《かん》は「こうのとり」のこと。歡は雚を用いて鳥占《とりうら》をし、声に出して祈り、願いが実現することを「よろこぶ」の意。

歎

タン

𦰩《かん》は雨を求めて神さまに嘆き訴えることをいう。欠は嘆きの動作。感歎・感嘆のように歎と嘆は通用し、嘆くだけでなく、ほめたたえる意にも使う。

漢字問題

① 新しいスイハンキを買いに行く。

② スイソウガク部で活躍する。

③ 自分のチームのオウエンカ。

④ ご飯が上手にタけた。

⑤ ここちよい風がフいてくる。

解答欄

白川先生のことば

・菊池寛賞内定という電話ありお前どうすると妻にはかれる

・一つぐらいあつてもと妻のいふなへに我もその気になりにけるかも

・許慎以後に漢字を説きし者ありとのち見む人は語りつぐがね

『白川静著作集12』540ページ

2 自然

① 虹の竜、空に風を起こす

虹

にじ

虹は虫と工との組み合わせ。虫は、「ムシ」の意味ではなく、蛇などのハ虫類を表し、工はゆるやかで反《そ》りのある半円形のものをいう。虹は、空にかかる大蛇、すなわち竜であると見立てられていたのである。古く虹は、河（黄河）に水を飲みに来る双頭《そうとう》の竜であると信じられていた。

風

フ
フウ
かぜ
かざ

風は古くは鳳《ほう》と書いた。風は鳳の羽ばたきによって起こるものと考えられていたためである。その後、天上に住む竜の姿をした神さまが風を起こすものであるとの考えに変化し、鳳の中の鳥が竜を表す虫に置き換えられ、現在の風の字となった。古く風は神さまの使いとして各地に出かけ、風土を作り、風俗を生み出した。

空

クウ
そら
あける
から

空は穴《あなかんむり》と工との組み合わせ。穴は穴のこと。空は、もともとは上部が曲がった穴のことであった。穴は中に何もないので「あく、あける、から、むなしい」の意味となり、曲がった上部を頭上高く広がる天空とみて、「そら」の意味に使うようになった。

漢字の「つながり」

虫《チュウ》《むし》

虫はもとはヘビなどのハ虫類を表す字で、小さなムシを表す蟲《ちゅう》とは別字であった。今、ヘビは蛇、ムシは虫と書く。

左《サ》《ひだり》

左手に神さまを呼ぶ工具を持つ形。右手に𠙵《さい》を、左手に工を持って神さまをたずねる姿は「尋《じん》」と表される。

江《コウ》《え》

ゆるやかにまがって流れる「かわ」のことをいう。揚子江（長江）をさすこともある。

漢字問題

①雨上がりにニジが出る。

②フウヒョウ被害にあう。

③クウゼンのヒット作となる。

④京都の春のフゼイを味わう。

⑤クウロ北海道へ向かう。

解答欄

白川先生のことば

虹は古代の人びとにとって、他の天象と同じく、たんなる自然の現象ではなく、それは生きている実体であった。生きている実体であるのみならず、そのあらわれは、人の世に何らかの異変をもたらす前兆として、おそれられた。

『白川静著作集7』370ページ

2 自然

② 青はすみきっている

青

セイ ショウ
あお あおい

青のもとの字は靑。生と丹の組み合わせ。生は草が生える形。丹は鉱石を採取する井戸の形。井戸から青色の材料となる青丹という鉱石を掘り出したので、青は「あお、あおい」の意味となる。丹から取り出された青は、変色せず、腐敗を防ぐ力も強かったので、物を清める材料として用いられた。

清

セイ
きよい きよめる きよまる

清（淸）は氵《さんずい》と青（靑）との組み合わせ。氵は水。青は「青丹」を材料として作る青色のこと。その色合いは清らかなものを感じさせるので、水にあてはめ、清らかですきとおった水を清という。それを人の性質や心情にも用い、心が「きよい、きよらか」という。

精

セイ ショウ

精（精）は米と青（靑）との組み合わせ。神さまに供えるための米・麦などの五穀《ごこく》のすぐれて美しいもののことをいう。のち、「きよい、うつくしい、くわしい」の意味に用いる。玄米をついてきれいな米にすることを精米、生き生きとした美しさを精彩、くわしく細かいことを精密という。すべて純粋・清明のものに用いる。

漢字の「つながり」

晴
セイ
はれる／はらす

日はお日様。青は空の青。青空にお日様が出ているのが晴。だが、昔は、夕（月）が見えている星空の夜もはれ。だから、古代文字のように夝と書いた。

情
ジョウ／セイ
なさけ

情は忄（心）と青との組み合わせ。情は心の働き。「感情、なさけ、おもいやる」などの意味に用いる。

静
セイ／ジョウ
しず／しずか
しずまる

青は青い色の絵の具（青丹）。争は耒《すき》を手で持つ形。青い色の絵の具を耒に塗って、祓《はら》い清めることで害虫を防ぎ、安らかな実りが得られることを願う儀式が「静」。

漢字問題

①下書きをセイショして提出する。

②地中深くから出て来たセイドウ器。

③過去をセイサンし、再出発する。

④日々ショウジンを重ねる。

⑤セイミツ機械を導入する。

解答欄

白川先生のことば

将来の文字文化の上に、私は漢字はより大きな働き、機能を以て役に立つであろうと考えております。漢字の理解をより深め、そして、それによって従来の文化というものに対する理解の道を、広めてゆかなければならんと思うのです。

『文字講話Ⅳ』177ページ

③ 草むらの向こうに日が沈む

暮

ボ
くれる
くらす

暮は莫《ぼ》と日との組み合わせ。莫は古代文字に描かれているように艸（草）と艸との間に日が沈んでいる形で、もともとはこの字が「くれ、くれる、くらい、おそい」などの意味で用いられた。しかし、莫が打消しの「なし」などの意味で使われるようになり、莫にさらに日を加えて、現在の暮の字が作られた。国語では「くらす」と読み、「生活する」の意味にも用いる。

墓

ボ
はか

墓は莫と土との組み合わせ。古く墓は、土の高くなった所、丘のようなところに作られた。殷《いん》の国では王などの墓は地中深く作られたが、やがて、盛り土をして墳丘《ふんきゅう》を築くように作られた。盛り土で覆《おお》われた墓の、さびしく薄暗い感じが莫の字の意味をとどめる。

漠

バク

漠は氵と莫との組み合わせ。漠は許慎＊の『説文解字』（『説文』）に「北方の流沙《りゅうさ》（砂）なり」とあり、ゴビ砂漠の意味とする。「さばく」の意味のほか、漠然、広漠、荒漠のように用い、「つかまえどころがない、はてしもない、ひろい、さびしい」などの意味で用いる。

＊許慎…後漢時代の漢字学者。紀元後一〇〇年に漢字の字書『説文解字』を著した。後世、文字学の聖典とされた。

漢字の「つながり」

慕 ボ したう

莫と心との組み合わせ。莫に「手探りで物を探す」の意味があり、そのようにして頼るべき人を求める心を慕といい、「こいしたう、したう」の意。

募 ボ つのる

莫に「さぐる、とる」の意味があり、広く人をつのることを表す。力は耒《すき》の形だから、農業に従事する人を募《つの》るというのがもとの意味であろう。

幕 バク／マク

莫と巾（布）との組み合わせ。莫に「はりめぐらすもの」という意味があり、布を張り巡らして、仕切りとするものを幕という。

漢字問題

① 先祖のボゼンに花をたむける。

② おセイボを送る。

③ バクゼンとした不安に襲われる。

④ 夕方のことをハクボという。

⑤ 自らボケツを掘る。

解答欄

白川先生のことば

どのような苦しみも、時は楽しみに変えてくれる魔術をもっている。孔子は「芸に遊ぶ」といわれたが、なんの芸もない私は、どうも「学に遊んで」きたように思うのです。

『回思九十年』138ページ

2 自然

④ 糸のつながり

率 ソツ リツ ひきいる

率は糸たばをしぼる形。糸たばの上下に小さな横木を通し、これをねじって水をしぼる形。糸（幺《よう》）の左右にある「⺀」は、水滴を表す。力を入れて強くしぼると糸たばが同じ方向にねじれるので、「ひきつれる、ひきいる、したがう」などの意味となる。

素 ソ ス

素は糸を染めるときの形。糸を染めるとき、糸たばの本《もと》のところを結んで染汁《そめしる》の入った鍋《なべ》に漬《つ》けるから、その結んだところは素《もと》のままの白い糸で残る。その白い糸で残った部分を素といい、「しろ、もと」の意味となる。素質のように「本来の性質」の意味にも用いる。

玄 ゲン

玄は糸たばをねじった形。白色の糸たばをねじって染汁の入った鍋に漬けて黒色に染めあげた糸をいい、「くろ」の意味となる。黒くて赤みのある染色が、色感として奥深いものを感じさせることから、「奥深い、ふかい、しずか」の意味となる。

漢字の「つながり」

後《ゴ／コウ》

あと／うしろ／のち

後は道路（彳）で糸たばをねじった形の祈りの道具（幺）を使って、敵が後退することを求める祈りの儀式。後ろ向きの足跡の形の夂《すい》を加える。

索《サク》

索は縄《なわ》をなう形。縄をひも状に撚《よ》り続けていくように、次第にたどってものを探し尋《たず》ねるので「さがす、もとめる、つきる」の意となる。

幽《ユウ》

𢆶《ゆう》と火との組み合わせ。𢆶はねじった糸を並べた形。それに火を加えてくゆらせ、黒色にすること。奥深い暗い色なので、「かすか、ふかい、くらい」の意となる。

漢字問題

① ソボクな味のお菓子をいただく。

② 修学旅行のインソツをする。

③ 彼はシッソな生活をしている。

④ 毎日ゲンマイを食べる。

⑤ みずからソッセンして行動する。

解答欄

白川先生のことば

知識は、すべて疑うことから始まる。疑うことがなくては、本当の知識は得がたい。疑い始めると、すべてが疑問にみえる。それを一つずつ解き明かしてゆくところに、知的な世界が生まれる。

『白川静著作集12』548ページ

⑤ 勢いよくわきでる力

勇
ユウ
いさむ

勇のもとの字は勇。勇は甬《よう》と力との組み合わせ。甬は手桶《ておけ》の形。井戸から水が「わく、わきでる、あふれる」ことをいう。力は田畑を耕す耒《すき》の形。耒で田畑を耕すには、湧き出る水のように一気に力を集中することが必要。そのように内部からわき出て、一気に事を成そうとする力を勇といい、「いさましい、つよい」の意味に用いる。国語では「いさむ」とよみ、勇み足のようにも用いる。

踊
ヨウ
おどる
おどり

踊は足と甬との組み合わせ。許慎の『説文』に「跳《と》ぶなり」とあり、水が勢いよく湧き出すように、足を上下にはねておどることを踊といい、「おどる、とびあがる」の意味に用いる。国語では「おどる、おどり」とよみ、ダンスを踊る、踊り子などという。

湧
ユウ
わく

湧の正字は涌《よう》。涌は氵と甬との組み合わせ。勢いよくわき出るところから勇を用いた湧が作られ、勇の音でよむ習慣が生まれた。湧は宋代（十世紀～十三世紀）に至ってみえる比較的新しい字である。

漢字の「つながり」

通
ツウ／ツ
かよう／とおる
とおす

甬は空洞の筒。辵《しんにょう》（⻌）は行くの意。物を入れれば通り抜けるので、「とおる、いたる、かよう」などの意で用いる。

痛
ツウ
いたい／いたむ
いためる

疒は病気で寝ている人。寝ている人の全身を貫くようにいたみが走ることを「痛」という。

誦
ショウ

甬と言との組み合わせ。内から外に出るように声が出てくることをいう。「となえる、うたう」などの意味で暗誦のように用いる。

漢字問題

①ユウキを振りしぼって戦う。
②幼いときからブヨウを習う。
③地下千mから温泉がユウシュツした。
④イサんで戦いにでかける。
⑤夏には盆オドりが行われる。

解答欄

白川先生のことば

ものに部分というものはない。部分は、全体に対して、全体の中においてある。部分が明らかになるときは、同時にその全体が理解されるときです。

『回思九十年』128～129ページ

⑥ 水が流れる

水 スイ みず

水は流れている水の形。真ん中に大きな流れがあり、左右に小さな流れがある様子を表す。大きな流れが三つのすじになって流れる形（巛）は、川であり、水は大きな流れの横に小さな流れをとらえた形。水を部首として使うときには氵《さんずい》、水が冷えて凍ったときは冫《にすい》で表す。冫は二つの氷の塊を示すが、現在の「氷」は水と一つの氷の塊で表している。

永 エイ なが（い）

永は流れる水の形。水が合流して勢いよく流れるところで、水が長く続くことをいう。このことから、「ながい」の意味となる。とくに時間の長く久しい意味に使われるようになり、永遠や永久のように用いられる。

派 ハ

派は氵と𠂢《はい》との組み合わせ。𠂢は水が分かれる形で派のもとの字である。𠂢に氵を加えた派は「分かれ流れる、わかれる、つかわす」の意味となる。水が分かれて流れるのを派、水が合流して勢いよく流れることを永という。本体から物事が分かれることを派生、仕事をさせるために、人を出向かせることを派遣《はけん》という。

漢字の「つながり」

泳《エイ》（およぐ）

氵と永との組み合わせ。永は水の流れが長いこと。水の流れに乗るようにして水を渡ることを泳といい「およぐ」の意。

詠《エイ》（よむ）

言と永との組み合わせ。永が水の流れの長いことをいうことから、強く長く声を伸ばして歌うことを詠という。

脈《ミャク》

月《にくづき》と𠂢との組み合わせ。𠂢は分流する水の形。体の部分であることを示す月をそえて、「血管、血のすじ、すじ」をいう。

漢字問題

①スイドウで手を洗う。

②カクハの代表が集まる。

③アメリカのエイジュウ権を持つ。

④海外トクハ員の報告を聞く。

⑤末ナガくお幸せに！

解答欄

白川先生のことば

水はつねに聖なる力の源泉であった。清冽《せいれつ》な泉は新しい生命を生み、ほとばしる渓流《けいりゅう》には生命のリズムがある。また汪洋《おうよう》たる大河はその流域に文明を生み、それを養い育てた。文明のはじめのときに生まれた文字の形象のうちには、そのような水と人間との深いかかわりが、古い記憶として残されている。

『白川静著作集3』422ページ

① 神さまの大好きなもの

祭

サイ

まつる
まつり

祭は月（肉の形）と又（右手）と示（台）との組み合わせ。お供《そな》え物の台の上に右手で神さまの大好きな肉を置く形。貴重で大切な肉を供えて神さまに願い事を聞いてもらう儀式が祭である。願い事に神さまが何と答えてくださるか、それを「まつ（待つ）」のが日本語の「まつり、まつる」の語源だといわれている。

察

サツ

察は宀《うかんむり》と祭との組み合わせ。宀は祭りを行う建物の屋根のこと。祭りの中で神意を推《お》しはかるので察するという。察は「うかがいみる、あきらかにする、かんがえる」などの意味で用いる。

際

サイ

きわ

際は阝《こざと》と祭との組み合わせ。𨸏（阝）は神さまが天にのぼり降りするときに使うはしごのこと。その前に祭壇《さいだん》を置いて神さまをお祭りする。そこは天から降りてくる神さまと人との接する神聖な場で、そこから先へは立ち入ることがゆるされない、ぎりぎりの場所であることから「きわ」を表す。

漢字の「つながり」

有
ユウ／ウ　ある

もとは、祭りのとき、右手に肉をもって神さまに「おすすめする」ことをいう。

友
ユウ　とも

右手と右手を重ねた形。手と手を重ねて思いを一つにする、その仕《し》草《ぐさ》の中に友情は宿《やど》る。

禁
キン

木の茂った場所は祭りが行われる神聖な所。それ以上、人が立ち入ることはできない。

漢字問題

① 春のサイレイが行われる。
② 事故の原因をスイサツする。
③ 人の欲望にはサイゲンがない。
④ 危険をサッチする。
⑤ 文化のサイテン。

解答欄

白川先生のことば

国語の「まつりごと」は、「まつり」を行なうことが「まつりごと」、すなわち政治であることを示す語である。古代政治のありかたを、最も端的に示すものであるといってよい。

『白川静著作集3』451ページ

② 𠙵《さい》を掲《かか》げて拝む

兄

キョウ ケイ

あに

兄は口と人（儿）との組み合わせ。口は𠙵で、神さまへの願い事を入れる器。兄はこの𠙵を頭上に掲げ、ひざまずいて拝んでいる形。祖先を祭る社に祈りを捧《ささ》げるときの姿である。兄弟のうちで家の祭りごとを担当したのが長男であったので、兄は「あに」の意味となる。

祝

シュク シュウ

いわう

祝はネ（示）と兄との組み合わせ。ネ（示）は神さまへのお供《そな》え物を置く台、祭卓《さいたく》のこと。兄は𠙵を掲げて祖先の神に祈りを捧げる人。祝は古くは祭卓の前で神さまを祭ることを示し、「いのる」の意味で用いられた。また、神に仕える人（神官）の意味ともなり、やがて、「いわう」の意味に用いられるようになった。

呪

ジュ

のろう

（古代文字なし）

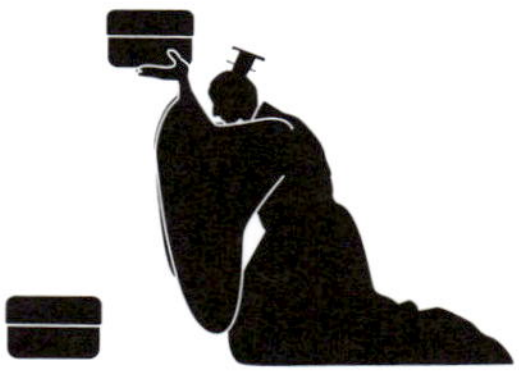

呪は口と兄との組み合わせ。兄は𠙵を頭に掲げている人の形で、神さまを祭る人。その神によからぬ願い事をすることを「のろう」という。しかし、呪を「のろう」の意味で用いるのはのちのことで、古くは祝と同様「いのる」の意味で用いられた。呪力とは「祈りの力」のことをいう。

漢字の「つながり」

競 キョウ／ケイ　きそう／せる

竞《きょう》を二つ並べた形。竞は祈りの言葉の言と神さまを祭る兄との組み合わせ。二人が並んできそうように、さかんに祈るので、「きそう、せる」の意となる。

況 キョウ

兄の祈りに応《こた》えて神さまがおりて来ているかのような状況を表す言葉。それで、況は「ありさま、ようす」の意となる。

悦 エツ

悦は忄（心）と兑《えつ》（兌）との組み合わせ。祈りに応えて神さまが反応した様子にうっとりとした状態になっている兄の心を表す。「よろこぶ」の意となる。

漢字問題

① チョウケイの結婚式が行われる。
② シュクジをたまわる。
③ 魔除けのジュモンを唱《とな》える。
④ 御シュウギをいただく。
⑤ 彼はノロわれている。

解答欄

白川先生のことば

𠙵系統の字は、その系列字を含めると、文字の総数のほとんど一割にも近いほど多いんですね。だからこれを一つ誤りますと、その系列の字は全部正しい解釈ができないということになります。

『文字講話Ⅳ』100ページ

3 祈り・願い事

③ 矢の至るところ

至
シ
いたる

至は矢の逆さまの形↓と大地を表す一との組み合わせ。矢が大地（ある地点）に到達することを表す。大地には邪気《じゃき》が潜《ひそ》んでいると考えられていたため、重要な建物を建てるときには、災《わざわ》いをもたらさないよう、邪気を祓《はら》う矢を放ち、その到達点に建物を建てることが行われていた。到達点こそ、邪気が祓われた神聖な場所とされた。

室
シツ
むろ

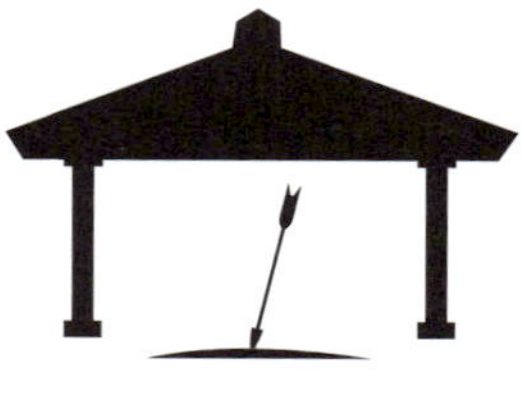

室は宀《うかんむり》と至との組み合わせ。宀は祖先を祭る建物の屋根のこと。「室」は祖先を祭る大切な建物なので、矢による場所選びが行われた。室はもともと祖先を祭る「へや」を表す字であったが、のち、人の住む「へや、いえ」の意味となる。意味は変化しても大切な場所に変わりはない。

屋
オク
や

屋は尸《しかばね》と至との組み合わせ。尸は死んだ人を安置する建物の屋根のこと。死んだ人を安置する神聖な建物なので、矢による場所選びが行われた。屋はもともと死んだ人を安置する建物を表す字であったが、のちに一般的な「いえ、すまい」の意味となる。

漢字の「つながり」

到《トウ》

至と人との組み合わせ。矢が落ちた場所に人が到達することをいう。それで「いたる」。のち、人がリ（刀）に代わった字。

倒《トウ》 たおす／たおれる

到にイ《にんべん》を加え、到達した所から人が引き返すことを表す。「さかさま、さかさまにする、たおす、たおれる」の意となる。

台《タイ／ダイ》

もとの字は臺。大切な建物を建てるときには、矢を放って場所を選定することが行われた。臺はそうして建てた高い建物を表す。今は「台」と書く。

漢字問題

①シフクのひととき。

②千利休が好んだチャシツ。

③オクガイで遊ぶ。

④悪い結果になるのはヒッシだ。

⑤新しいシャオクが完成する。

解答欄

白川先生のことば

矢は武器としてもすぐれた威力を発揮するもので、そのため清めの儀礼に用いることが多く、わが国でも神事としての矢の占いがあり、それが「ミクジ」の起源ともされている。

『白川静著作集7』65ページ

④ 𠙵《さい》を固く守る

古

コ

ふるい　ふるす

古は十と口との組み合わせ。十は長方形の干（盾）の形。口は神さまへの願い事を入れる器𠙵。𠙵を守るために、武器としての干を𠙵の上に置き、祈りの効果を持続させることを古という。もとは「かたく守る」の意味で用いられた字だが、祈りの効果が長く続くことから、「ふるい、いにしえ」のように時間の長さを表すようになった。

固

コ

かたい　かためる　かたまる

固は囗《い》と古との組み合わせ。囗は四角い囲いを表す。古の回りにさらに囗を加えた「固」は、祈りの効果をいっそう守り固めるので、「かたい」の意味となる。𠙵を強固に守ることを表す。

故

コ

ゆえ

故は古と攴《ぼく》（攵）との組み合わせ。古に攴（打つ）を加え、故意に（わざと）たたいて祈りの効果を壊そうとすることを故という。ただ、故は古の意味を受け継ぎ、故郷、故事、故人とか事故、何故（なぜ）など多様な意味で用いられる字である。

漢字の「つながり」

枯《からす／かれる》 コ

古に「ふるくからのもの、ふるい」の意味がある。あまり古くて長い時間がたつと木も元気を失うことから「かれる」の意味に用いる。

詁 コ

許慎の『説文』に「故言を訓《よ》むなり」とあるように古い言葉を現代の言葉で解釈すること。訓詁という。

個 コ

（古代文字なし）

個は個人や一個など、相手のない片方だけのものを表す字。固はこの場合、音（コ）を示す役割。

漢字問題

① コダイローマの時代に思いをはせる。

② 私の祖父はガンコだ。

③ 彼はコイにボールをぶつけられた。

④ 彼女は自分の意見にコシュウした。

⑤ コキョウに錦《にしき》を飾る。

解答欄

白川先生のことば

読みの難しい漢字にはルビをふればいいのです。そして、意味が分からなければ、辞書で調べればいい。そうやって、新しい言葉を自分のものにしていくことが、学ぶということにほかなりません。

『桂東雑記Ⅲ』215ページ

⑤ 神さまのお告《つ》げを聞く

令

レイ

令は深い儀礼用の帽子をかぶり、ひざまずいて神さまのお告げを受ける人の形。神さまのお告げを聞くことを令という。神さまのお告げは絶対に正しいものであるから、必ずそのお告げに従ったので、神さまの「いいつけ、命令」という意味で用いられた。

命

メイ ミョウ

いのち

命は令と𠙵との組み合わせ。神さまに願いごとを唱《とな》えて祈り、神さまのお告げとして与えられるものを命といい、「仰《おお》せ、いいつけ」の意味となる。命を生命（いのち）の意味に用いるのは、人の命は神の仰せ（天から与えられたもの）と考えられたからである。運命のように「さだめ」の意味にも用いる。

鈴

リン レイ

すず

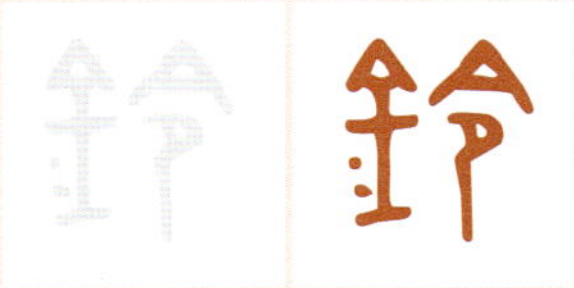

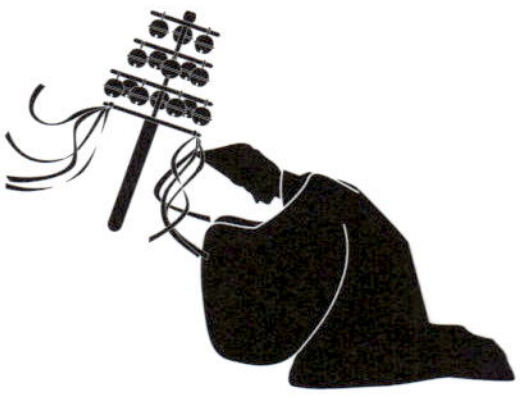

鈴は金と令との組み合わせ。鈴は神さまを呼び出し、送るときに用いる楽器。それで、鈴の素材である金を加えた形となっている。神さまは鈴の音に誘われて天から降りてきて神意を伝えた。「楽」は舞楽のときに用いる柄《え》のついた手鈴の形からできた字である。

漢字の「つながり」

冷《レイ》

さます／つめたい
ひえる

冫《ひょう》と令との組み合わせ。冫は氷。氷から「つめたい、ひえる、さめる」などの意味で用いる。令はこの場合、音（レイ）を示す役割。

玲《レイ》

王（玉）と令との組み合わせ。玉は石の宝石で、その玉のふれあう音を表す。令はこの場合、音（レイ）を示す役割。

領《リョウ》

令と頁との組み合わせ。頁は「うなじ、くび、えりくび」を表す。また「おさめる、かしら」の意味でも用いる。令はこの場合、音（リョウ、レイ）を示す役割。

漢字問題

① 試験開始のヨレイが鳴る。

② 手続きはホウレイで定める。

③ 日本人の平均ジュミョウは世界一。

④ フウリンの音《ね》色《いろ》が心地よい。

⑤ 彼はチームのシレイトウだ。

解答欄

白川先生のことば

人間はまったく未知のものを理解することはできない。すでに自分が知っているものと比較し、照らし合わせることで、初めて見たものでも分析して「分かる」ことができる。そのためには、ごく基本的な材料を頭の中にセットしておかなければならない。この最初にセットする作業が素読なのです。

『桂東雑記Ⅲ』210ページ

⑥ 玉の力を身につける

場

ジョウ

ば

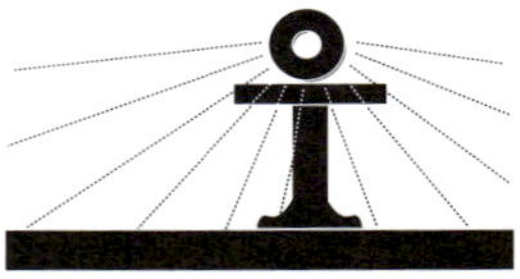

場は土《つちへん》と昜《よう》との組み合わせ。土は土地を表す。昜は玉（日）を台（一）の上に置き、玉の光が下方に放射する（勿）形。台の上に置かれた玉がパワーを発揮する様子を表す。昜は、玉の力を借りて、人の活力を高める儀礼をいう。その儀礼の行われる所が場であった。のち、広く「あきち、ばしょ、ば」などに用い、当初の意味は薄れていった。

陽

ヨウ

ひ

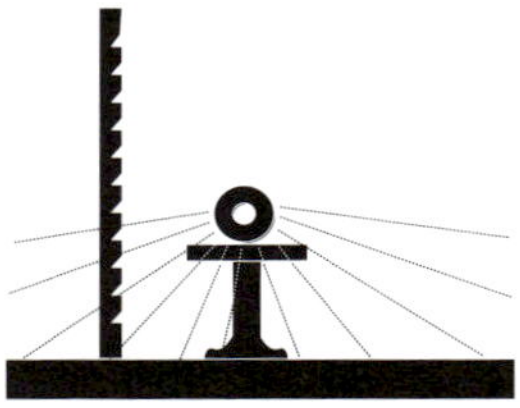

陽は阝《こざと》と昜との組み合わせ。阝は神さまが天にのぼり降りするときのはしご。陽は、神さまのはしごの前に玉を置き、その放射する力によって神さまの威光《いこう》を示す字であった。その力はまばゆい光を放つお日様と重なり、太陽の意味となる。陽光の及ぶところから「あたたかい、山の南」などの意味にも用いる。

傷

ショウ

きず

傷は亻《にんべん》と𥏻《しょう》との組み合わせ。𥏻は昜の上を蓋で覆《おお》う形。台の上に置かれた玉に蓋をして玉が放つパワーを妨《さまた》げることをいい、それを人の上に及ぼして傷という。人の精気が衰え、そこなわれることをいう。

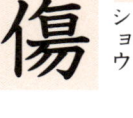

漢字の「つながり」

湯 トウ　ゆ

湯は氵《さんずい》と昜との組み合わせ。太陽の光を浴びた水は太陽のパワーで温められてお湯となる。

揚 ヨウ　あがる／あげる

玉光にふれることは人の精気を盛んにし、元気にする働きがあるとされた。その玉を高く捧げ持つことから「あげる、あがる」の意となる。

瘍 ヨウ

疒《やまいだれ》と昜との組み合わせ。強い陽ざしで皮膚が傷つけられると「はれもの」ができることを表す。胃《い》潰瘍《かいよう》などと用いる。

漢字問題

① コンサートのカイジョウに到着する。
② 広島などサンヨウ地方を旅行する。
③ 交通事故でフショウする。
④ 彼はヨウキな人だ。
⑤ 父を亡くしたショウシンの思い。

解答欄

白川先生のことば

手で写すことは、コンピューターに打ち込むよりも、はるかに有効です。（略）手で写して新しく得た資料は、すでにある資料と感じあい、重《ちょう》畳《じょう》し、互いに意味づけをしてゆく。そういう過程のなかで、私が写しつづけた文字は、皆自らの素性を明らかにしてきたのです。

『回思九十年』127～128ページ

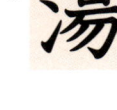

⑦ ここは神聖なる場所

才
サイ

才は目印として立てた木の上部に横木をつけた形。その横木に願い事を入れる器𠙵《さい》をつけて、ここが神さまの寄りつく神聖な場所として「ある」ことを示す。我が国の古代にもあった柴さし（祭場の境界に柴の木を刺すこと）の風習に似ている。ここが神聖な場所であることを示すのが才のはじまり。そこから「生まれながらにもともとあるもの、その働き」の意味を表す。

在
ザイ
ある

在は才と士との組み合わせ。才を立てたところが神聖な場所であることを示す。才に士（小さな鉞《まさかり》の頭部の形）を添《そ》えて、才のある神聖な場所を守ることを表す。それで、在は神聖な場所が守られて「ある」の意味となり、のち、すべて物が「ある」、人が「おる」の意味として用いる。

材
ザイ

「材」は木と才との組み合わせ。ここでの才は「もともとあるもの」の意味で用いられ、音（サイ）の役割とともに、加工していないもともとの木を表す。それで、材料としての木材、材木をいう。今は広く人にも（人材）、研究や芸術作品の主題となる材料（題材）などにも用いる。

漢字の「つながり」

財
ザイ／サイ

才は、貝が貴重な宝物としての価値を持っていることを表す。財貨（金銭や価値の高い品物）・財宝（たからもの）をいう。

存
ソン／ゾン

才に子を加えた存は、子どもの命が神聖な存在として守られていることを示す。

閉
ヘイ
しまる／とじる／とざす

悪い霊を祓《はら》うまじないとして才を門に立てて、門の内外を分けることを閉という。「とざす、ふさぐ、しめる」などの意。

漢字問題

① 宇宙人はソンザイしているか？

② 彼女はサイノウを発揮した。

③ ソザイを生かした料理。

④ 彼にはサイカクがある。

⑤ ザイニン中大変お世話になった。

解答欄

白川先生のことば

柴さしといいますのは、地面に木の枝をちょっと刺すんです。極めて素朴な方法でありますけれども、これは神様を呼ぶ、恐らく一番古い方法であったのではないかと思う。

『桂東雑記Ⅴ』49～50ページ

⑧ 神さまが選ぶ木

新

シン
あたらしい
あらた
にい

新は辛《しん》と木と斤《きん》との組み合わせ。辛は取っ手のついた大きな針。斤は木を切るときの斧《おの》。人が亡くなったときに、新しく位牌《いはい》（死者の名前を書いた木の札）を作る。その位牌の材料となる木を選ぶとき、大きな針を投げて、針の当たった木を斧で切り出す。このように神意によって選ばれた木を新しく切り出すことを新といい、「あたらしい、はじめ」の意味となる。

親

シン
おや
したしい
したしむ

親は辛と木と見との組み合わせ。位牌を作る木を選ぶとき、大きな針を投げて選んだ。親は、その新しく切り出して作った位牌を見て拝《おが》んでいる形。新しい位牌は父母の位牌であることが多く、親は、「おや、父母」の意味となる。位牌を拝むのは近い間柄の者であるから、「みうち、したしい」の意味にも用いる。

薪

シン
たきぎ

薪は艹《くさかんむり》と新との組み合わせ。位牌を作った残りの木を薪といい、神聖なたきぎとして火祭りのときに用いられた。神事に使用する「たきぎ」の意味から、のち、すべて「たきぎ、しば」の意味に用いる。

漢字の「つながり」

辞《ジ》《やめる》

もとの字は辭。乱れている糸を針で解きほぐしていくことをいい、「解く」の意となる。のち、辞書（ことば）、辞退（ことわる）などの意に用いる。

商《ショウ》《あきなう》

商は大きな針を台座に立てて神さまに良いか悪いかを「はかる」のがもとの意。良いことであれば賞を、悪いことなら罰を与える。のち、商売の「商」となった。

噺《はなし》

（古代文字なし）

日本でできた漢字（国字）。落語家のことを噺家というように、単なる会話ではなく、物語性のある人を楽しませる話。新しい噺の世界を知るのはおもしろい。

漢字問題

①彼はオヤコウコウだ。

②山でタキギを拾う。

③シンリョクの美しい季節。

④誰にでもシンセツにしよう。

⑤臥《が》シン嘗胆《しょうたん》の日々を過ごす。

解答欄

白川先生のことば

子どもには『論語』を読ませよ。こういうと、今の教育者たちは「子どもには難しすぎる」と言い出すかもしれません。しかし、古来、教育のはじめは素読でした。（略）意味など分からなくても、何べんも繰り返して唱《とな》えて、すっかり頭の中に入ってしまい、暗誦できるようになります。

『桂東雑記Ⅲ』209〜210ページ

⑨ 人知れず祈る

者 シャ もの

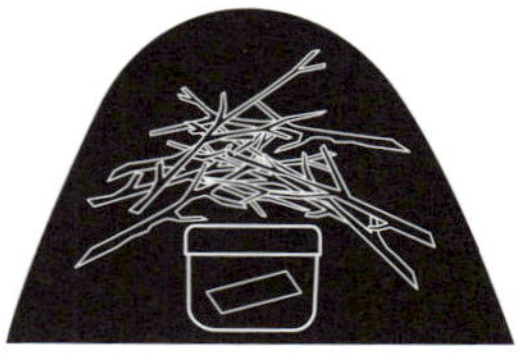

者のもとの字は者。者は交差させた木の枝と神さまへの願い事が入っている器𠙵《さい》である曰《えつ》との組み合わせ。お土居《どい》に囲まれた集落に、外部から邪悪なものが侵入しないように、木の枝で隠すように曰を埋めて魔除けにした。者はもと「お土居、かくす」などの意味で用いられたが、のちに「もの（人）」を表す意味で用いられるようになる。

都 トツ みやこ

都は者と阝《おおざと》との組み合わせ。阝は人が住む邑《むら》のこと。周囲にめぐらしたお土居で守られている大きな集落を都といい、「みやこ」の意味となった。京都も豊臣秀吉が築いたお土居に囲まれた都であった。

諸 ショ

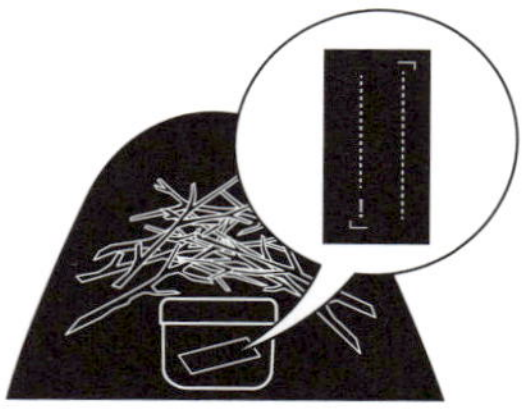

諸は言と者との組み合わせ。「言」はことば。者は木の枝で隠すように曰を埋めること。曰はお土居のあちこちに埋められたので、「諸」は「もろもろ、おおい」の意味で用いられるようになる。

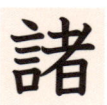

漢字の「つながり」

暑《ショ》《あつい》

日はこの場合は日光を指す。日に照らされて「あつい」の意味となる。「シャ」から転じて「ショ」となった。

署《ショ》

役所に入る門の近くにある守衛の詰所を署といった。罒《あみがしら》は網の形。網があるのは詰所《つめしょ》が侵入者を取り締《し》まることと関係がある。

著《チョ》《あらわす》《いちじるしい》

者は侵入者から街を守るためにお土居におまじないのお札を埋めること。その効き目が「あきらか、いちじるしい」ことを著という。

漢字問題

① 将来の夢はイシャになることだ。

② 中国のシュトは北京である。

③ フツゴウがあれば連絡してください。

④ ショジジョウにより参加できない。

⑤ ワカモノたちに未来をたくす。

解答欄

白川先生のことば

文字は孤立した記号ではない(略)。古い時代からの、世の中の有り様が、そのまま字の中にとじ込められていて、今の世に残っている。字形の中に残っているのですから、そのような歴史的文化的な流れの中で、文字を理解していってほしいものです。

『桂東雑記Ⅱ』273ページ

⑩ 王は「鉞《まさかり》」

王《オウ》

王は大きな鉞の頭部の形。鉞の頭部の刃の部分を下にし、武器としてではなく、王位を示す儀礼用の道具として王の座る席の前におかれていた。それが王のもつ力の象徴となった。王は「きみ、君主」の意味で用いる。

往《オウ》

往のもとの字は㞷《おう》。㞷は、ㄓ＝之《し》（足あとの形で行くの意味）と王（鉞）との組み合わせ。王の命令で旅に出るときには、鉞の上に足を乗せる儀式をして、鉞のもつ威力《いりょく》を身に移して出発した。それで㞷に「ゆく」の意味がある。のち、歩く意味の彳《てき》と合わさった。現在の字はㄓの部分が「丶」となっている。

狂《キョウ》 くるう

狂は犭《けものへん》と王との組み合わせ。ここでの王は、王と之とを組み合わせた「㞷」の省略形。王の命令で遠くに使いするとき、使者は鉞の威力を身に移して出発した。見知らぬ土地にいる邪悪なものに立ち向かう特別な力（通常ではあり得ない力）を帯《お》びた状態で出かける。それを狂という。中国では、誰もなしえなかったことをなしえる力を持っている人のことを狂者という。

漢字の「つながり」

皇《オウ／コウ》

王の象徴である鉞の上部に玉の飾りを加えた形。その玉が光り輝く形が「皇」。王、皇帝の大きな権力を象徴している。

匡《キョウ》《ただす》

もとの字は匩。匸は隠れた場所。鉞に足を乗せ、その霊力を授かる儀礼を匡という。その鉞の霊力・威力で物をただすことを表す。

旺《オウ》

もとの字は暀。日は太陽。太陽も鉞も霊力を与えてくれるもの。ゆえに、勢いが盛んなことを暀・旺という。水が盛んなことは汪という。

漢字問題

① 初めての勝利に皆がネッキョウした。
② 旅の安全オウライを願った。
③ 彼は後を継いで、オウイを得た。
④ オウフクの切符を買う。
⑤ 計画がクルった。

解答欄

白川先生のことば

神と一体になって遊ぶという、これがわが国の歌舞音楽の本源というべきものであります。いわゆる芸能というものの極致は、神と一体化する、神と一体となって遊ぶということにあるのであろうと思うのです。

『文字講話Ⅲ』183ページ

① 分けるもの

分

ブン
フン

わける
わかる
わかつ

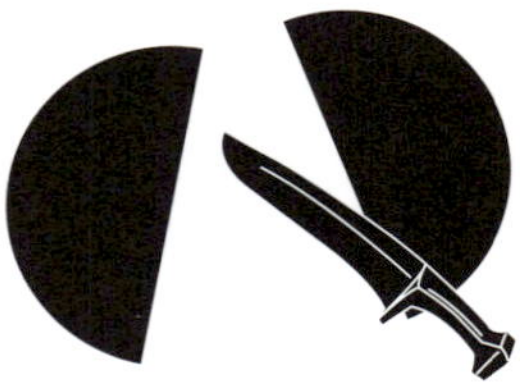

分は八と刀との組み合わせ。八は左右にものが分かれる形。刀でものを二つに分けることを分といい、「わける、わかつ、わかれる、はなれる」の意味となる。また、「わかる」とも読み、道理のわかる人のように、「理解できる」という意味にも用いる。

粉

フン

こ
こな

粉は米と分との組み合わせ。穀物（米）などの細分されたものを粉といい、「こな、こ」の意味となる。古くは米の粉を使って顔面にぬる白粉（おしろい）のことをいった。真実を隠して外面を飾ることを「粉飾」という。

貧

ヒン
ビン

まずしい

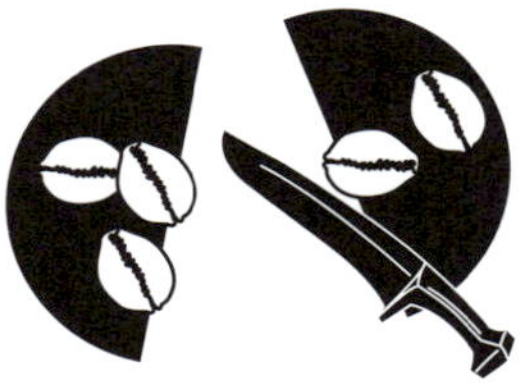

貧は分と貝との組み合わせ。貝は子安貝《こやすがい》で、お金として用いられた貴重な宝物である。その宝物である子安貝を分けて減らしてしまうことを貧という。それで、「まずしい、すくない」の意味となる。

漢字の「つながり」

紛
フン
まぎらわす／まぎれる
まぎらわしい

多数の糸がもつれ乱れている状態を紛といい、「みだれる、もつれる、まじる」の意。

雰
フン

雨が細かく霧のようになったものを雰といい、「きり、きりふる」の意に用いる。

盆
ボン

盆は底が狭くて口の広い「はち」をいう。古くは水器であったが、今は食器を載《の》せる平らな盆の意。盂《う》蘭《ら》盆《ぼん》会《え》の略としても用いる。

漢字問題

① 因数ブンカイする。

② フンマツの薬を飲む。

③ ヒンコン生活を強いられる。

④ ヒンケツ状態となる。

⑤ セイフン工場を訪れる。

解答欄

白川先生のことば

漢字は人という字をたった二画で描く。それで腰を少し歪《ゆが》めた場合、夷《い》という字になり、もう少し寝かせた姿勢では死んだ人になって、つっかい棒をつけると久しいという字になる。これを箱の中に入れると柩《ひつぎ》(匚)になる。こういうふうに、一点一画で、世界が変わるぐらいの表現ができるのです。

『回思九十年』372ページ

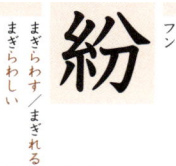

② 税をおさめる責任

責

セキ
せめる

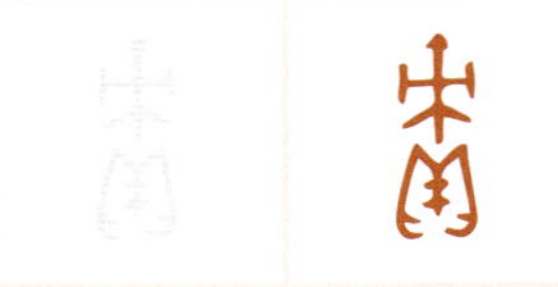

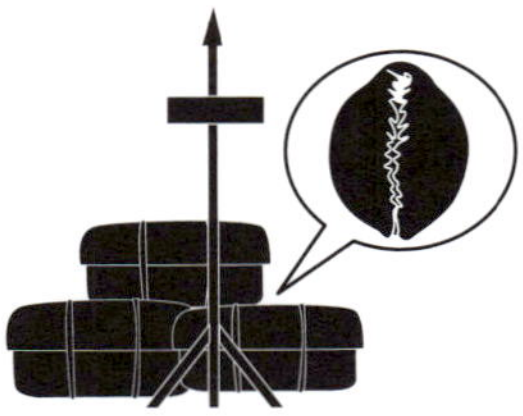

責のもとの字は責《せき》で、朿《せき》と貝との組み合わせ。貝はお金として使われた子安貝の形で税として納める大切な財物を表す。朿はその財物（貝）の上に目印として立てた、先がとがった十字の木の棒を表す。責は税を納める責任を果たしたことを示す字である。時には責めたてて税を徴収することもあったのであろう。「せめる」の意味にも用いる。

積

セキ
つむ
つもる

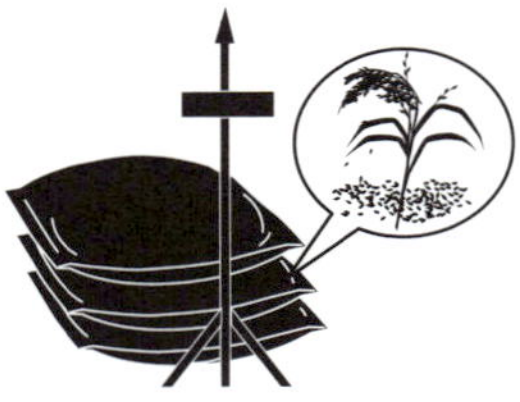

積は、禾《か》と責との組み合わせ。禾は稲や麦などの穀物類を表し、積は、税として納める財物が穀物であることを示す。穀物を高く積んで納めたことから「つむ、つみあげる、かさねる」という意味で用いる。

績

セキ

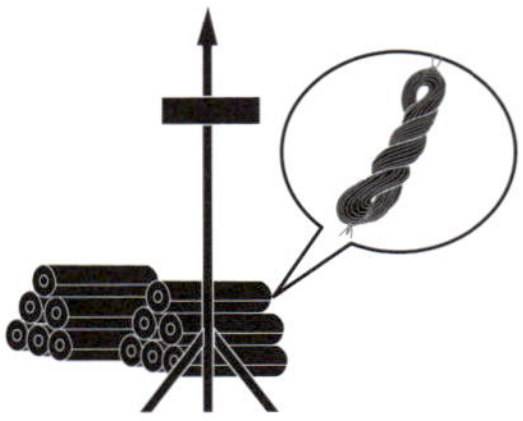

績は糸と責との組み合わせ。糸は糸たば、織物、布などを表し、績は、税として納める財物が織物であることを示す。織物は、人の手が加わって出来たものなので、績は仕事などの成果（結果）を表すことが多く、実績、功績、業績などと用いる。績が規定のとおりに税として納入されることを成績という。今は学習の成果として成績という語を用いる。

漢字の「つながり」

債《サイ》

もとは税の納入義務のある人をいう。のち、支払い義務のある負債の意となる。

漬《つかる／つける》

「漬」は十分に水に浸《ひた》して洗うことをいう。漬物は野菜を塩、ぬか、味噌などに漬《つ》けこんだ食品。

簀《すのこ》

責に「連ねて積み重ねる」の意があり、竹を連ねて作る「すのこ」をいう。

漢字問題

①今年のセキセツ量は例年になく多い。

②ショクセキを全うする。

③バレー部のセンセキは輝かしい。

④ジセキの念にかられる。

⑤研究者としてのジッセキを上げる。

解答欄

白川先生のことば

私は若い時に日記を書いておったのですが、書くことがない時や、余白が出た時にはそこへ、詩や漢文を写して、余白を埋めていたんです。面白いことに、漢文を写しているうちに、漢文が読めるようになったんですよ。

『桂東雑記Ⅱ』278～279ページ

③ 正しいとは何か

正

セイ
ショウ
ただしい
ただす
まさ

正は一（口）と止（止）との組み合わせ。口は城郭《じょうかく》で囲まれた邑《まち》（街）を表す。止は足あとの形で「行く」の意味がある。正は街に向かって人（軍隊）が進んでいく形で、「攻める、征服する」ことをいう。征服した側の行うことは、常に正しいことと考えられたので、「ただしい、ただす」の意味となる。攻めて勝てば、それが「正しい」のである。

征

セイ

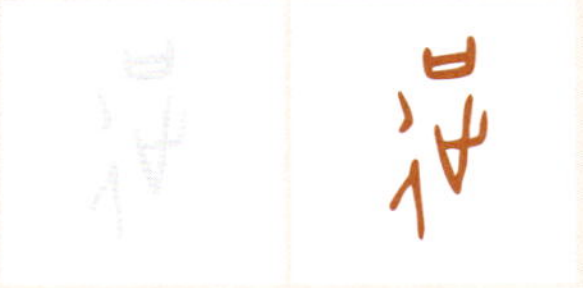

征は彳と正との組み合わせ。彳は歩くという意味。正が「ただしい、ただす」の意味で用いられるようになり、「攻める、征服する」という本来の意味を表す字として征の字が作られた。征服した支配者がまず行うことが、街の人々から税（財物）を取り立てることであったので、正（征）は税を取り立てることも表す。征服するとは税を人々から徴収することでもあった。

政

セイ
ショウ
まつりごと

政は正と「攴《ぼく》（攵）」との組み合わせ。征服者にとって、征服した人々から税（財物）を徴収するのが第一の仕事であった。その仕事を政という。時に厳しく取り立てることもあったのであろう。この字には手に棒を持つ形の攵がある。いつの時代でも人々から税を取り立て、どう使うかが、政治の基本である。

漢字の「つながり」

整
セイ
ととのえる
ととのう

敕《ちょく》は柴の束《たば》を打って整える。正はただすの意。整は不《ふ》揃《ぞろ》いの柴をただしてそろえること。のち、すべてのことの不整合を整え、正しい状態にすることをいう。

証
ショウ

もとの字は證。證は言うことが本当だと示す「あかし、しるし」があることをいう。今は「証」と書く。証拠、証明、立証などと用いる。

症
ショウ

（古代文字なし）

病気の症状を表す字。古くは證や徵が「あかし、きざし」を表す字として用いられていたが、病状に関する意味だけに限定して「症」が新しく作られた。

漢字問題

① それにはセイトウな理由がない。

② 戦争へのシュッセイの知らせが来る。

③ セイトウ政治はイギリスで確立した。

④ 彼は演劇界のセイトウ派だ。

⑤ ナポレオンは大エンセイを行った。

解答欄

白川先生のことば

写すということは、自分の頭の中で組織をする第一段階だと思います。まず写す。それから覚える、考えるという順になるんです。覚えるには、反復することが必要ですし、考えるには、比較するものが必要です。

『桂東雑記Ⅱ』279ページ

④ 生きかえることを願う

還

カン

還は辵《しんにょう》（⻌）と睘《かん》との組み合わせ。辵は道を表す。睘は、衣の上に玉（○）を置き、その上に目をおく形。人が亡くなると、死者の衣の襟元《えりもと》に玉（○）をおき、死者が生きかえることを願う儀礼が行われた。あの世への道を歩んで行った死者が再びかえってくることを祈ったことから、還は「かえる」という意味となる。

哀

アイ
あわれ
あわれむ

哀は衣と口𠙵《さい》との組み合わせ。人が死ぬと、襟元に願い事を入れる器𠙵をおいて、死を哀れみ、死者の命がよみがえることを祈る儀礼が行われた。その儀礼を哀といい、「あわれ、あわれむ、かなしい」の意味に用いる。古代中国では、人は亡くなってもしばらくは生きかえってくることが出来ると信じられていたので、死者の襟元で様々な儀礼が行われた。

衰

スイ
おとろえる

衰のもとの字は衣と冄《ぜん》との組み合わせ。人が死ぬと、よみがえりの儀礼が行われるが、それも空しく力がおとろえてしまってもう戻らないとなるとあの世に送る準備が行われる。死者の襟元に冄形の麻の組みひもをつける。冄には死者のけがれを祓《はら》い、悪霊が入らないようにする力があると考えられていた。葬儀のときに喪章をつける形で、「もふく」の意味となる。現在、衰は「よわまる、おとろえる」の意味で用いる。

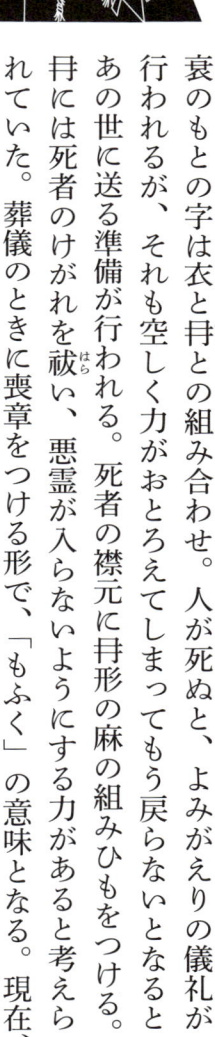

漢字の「つながり」

環《カン》

睘は死者の衣の襟元に玉を置いて死者が生きかえることを願う儀礼。このとき使う玉のことを「環」という。円い形なので「めぐる」の意となる。

喪《ソウ》《も》

哭《こく》と亡との組み合わせ。哭は二つの𠙵と犬。亡は手足を曲げた死者。葬儀《そうぎ》に際して、𠙵を並べ犬を供《そな》えて泣き弔《とむら》うことを喪といい、「しぬ、も、もにつく」の意。

衷《チュウ》

中と衣との組み合わせ。衷は肌着のように内にあって外にあらわれない「こころ、まごころ」の意味に用いる。衷心（心から）、衷情（まごころ）などという。

漢字問題

① 北極の地からセイカンする。

② ヒアイに満ちた曲が流れる。

③ アワれな姿で現れる。

④ スイジャクした遭難者《そうなんしゃ》を発見した。

⑤ 力のオトロえを感じる。

解答欄

白川先生のことば

漢字を単なる借り物である、と思うのは、非常な間違いです。漢字はいまや、日本人の血脈である。しかも日本語のもっている、膠着語《こうちゃくご》としてのいろんな弱点を、中国語のもつ硬質のもので補うことができる。漢字は、日本語の欠点を補完的につぐなってくれる働きをしている。

『白川静著作集2』482ページ

⑤ 衣に涙する

懐

カイ
ふところ
なつかしい
なつく

懐は忄《りっしんべん》と褱《かい》との組み合わせ。「褱（褱《かい》）」は「衣」の中に眔《とう》（目から涙を流す形）を加えている形で、死んだ人の襟元《えりもと》で涙を流して死者の生前をなつかしむ姿を表す。死者の前で涙して、生前を懐かしく思いうかべる愛惜《あいせき》の情を「懐」といった。古代文字は生前の面影を思い、死者に涙する人の姿を、目からこぼれる涙の粒で描いている。

遠

エン
オン
とおい

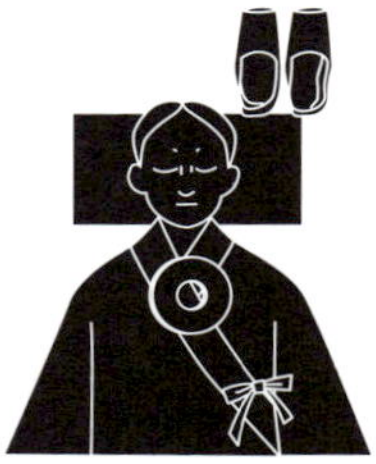

遠は辵《しんにょう》（⻌）と袁《えん》との組み合わせ。袁は死者の衣の襟元に人の精気を盛んにする玉（○）をおき、枕元に之《し》（足あとの形で、行くの意味）を加え、死者が「あの世」へ旅立つのを見送ることをいう。道を表す「辵」を加えた遠は、「遠くへ行く」という意味を表す。

卒

ソツ

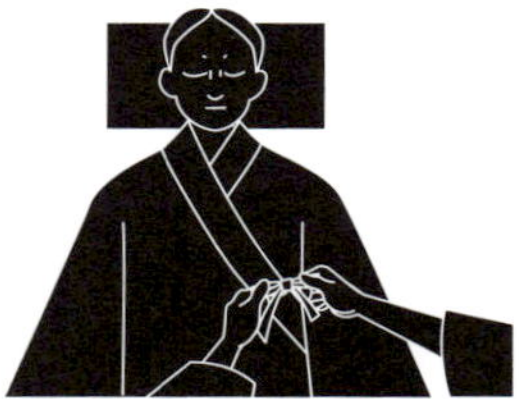

卒は衣の襟を重ねて結びとめた形。死者の「死」を確認すると最後に衣の襟元を重ね合わせて、邪悪な霊が入りこむことを防ぐ儀式が行われた。襟元を結びとめて人の生は終わりを迎える。それで、「卒」は「しぬ、おわる、つきる」の意味となる。「卒」を表す「卆」は俗字（正式には認められていない字）。

漢字の「つながり」

壊《カイ》《こわす／こわれる》

土は土地の神さまを祭る社。褱は衣に涙する形。何らかの事情で社を取りこわす儀礼を示す。それで、「やぶる、こわす」などの意となる。

園《エン》《その》

袁と囗（植え込み）との組み合わせ。袁は死後の世界に旅立つ人を送ること。園は墓地の植え込みをいう。そこから「はか、その」などの意となる。

砕《サイ》《くだく／くだける》

もとの字は碎。卒（卆）に「サイ」の音がある。石をくだくときの音が「卒」の音に近いため、擬声的に使われた。のち、すべて「くだく、くだける」の意。

漢字問題

① 驚きのあまりソットウした。

② カイチュウ電灯を常備する。

③ 飼い主によくナツいた犬だ。

④ 友の誘いをエンリョする。

⑤ 去年中学校をソツギョウした。

解答欄

白川先生のことば

殷周の古銅器の、あの鬱然《うつぜん》たる偉容《いよう》に接するものは、当時のすぐれた造形と制作の技術に、驚嘆を禁じえないであろう。その到達した技術水準が極めて高いものであることは、いまでもその技術的な解明に、困難なところがあることからも、知られるのである。

『桂東雑記Ⅱ』155ページ

⑥ 酒をくばる

酒

シュ
さけ
さか

酒は氵《さんずい》と酉《ゆう》との組み合わせ。酉は酒だるの形。酉に氵をつけて、酒を表す。漢字を生み出した商（殷）の国では、一年中どこかで祖先や自然を祀る祭りが行われていたといわれている。

配

ハイ
くばる

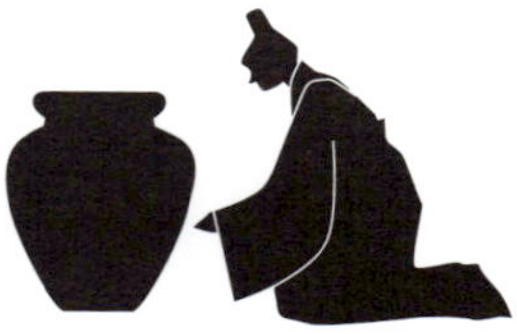

配は酉と己《こ》との組み合わせ。「己」は古い字形では人のひざまずく姿を表す。配は酉（酒だる）の前で人がひざまずいている姿で、酒を人に「わりあてる、くばる」ことをいう。配ることで人を従えることにつながることから支配の意味にも用いる。

尊

ソン
とうとい
とうとぶ
たっとぶ

尊のもとの字は尊。酋《しゅう》と寸との組み合わせ。酋は酉（酒だる）から酒の香りが立ち上がってくることを示す形。寸は両手を表す形。尊はその酒だるを両手で捧《ささ》げて神前にお供えする形である。酒だるをうやうやしく両手で捧げるので、「とうとい、とうとぶ、たっとぶ」の意味に用いる。

漢字の「つながり」

酌
シャク　くむ

酒だるから杓《しゃく》で酒を「くむ」こと。酒を汲《く》むときに、分量をはかりながら行うので酌量（はかる）のように用いる。

酔
スイ　よう

卆（卒）に「スイ」の音がある。酔は酒によって心が乱れることをいう。心酔のように「心を奪われる、ふける」の意味にも用いる。

酸
サン　すい

酸は酢のすっぱい味。酸性、酸味、炭酸、胃酸などと用いる。すっぱい味から、つらく苦しい状態も表し、「辛酸《しんさん》をなめる」などと用いる。

漢字問題

①周りの人にキクバリをする。

②サカグラを見学する。

③人命をソンチョウする。

④ニホンシュで乾杯する。

⑤商品のハイタツに出かける。

解答欄

白川先生のことば

甲骨文というのは実に美しいものでしてね。亀の甲や獣骨に彫《ほ》ってあるけれども、実はあの彫り方はいまだにわからんのです。実際に亀の甲に彫ろうとすると、とても歯が立たない。脂《あぶら》が非常に強いんですね。どうやってあの脂を抜いて、どういう彫り方をしたのか。

『回思九十年』372ページ

⑦ 豊作を祈る舞い

年

ネン
とし

年は禾《か》と人との組み合わせ。禾は稲の形をしたかぶりもので稲魂《いなだま》（稲に宿る神さま）の象徴。田植えのとき、豊かな実りを願って男女二人が舞い祈る儀式があり、そのとき、禾を頭にかぶって舞いをする男の姿を年という。一年に一度豊かな実りがもたらされることから「ねん、とし」の意味となる。

委

イ
ゆだねる

委は禾《か》と女との組み合わせ。田植えのとき、豊かな実りを願って舞いをする女の様子を表している。男女二人で舞うとき、男は立って舞い、女は、低い姿勢でつき従うようにしなやかに舞ったので「ひくい、したがう、まかす」などの意味となる。

季

キ

季は禾と子との組み合わせ。季は、稲で作ったかぶりものをつけた子どもが、豊作を祈る舞いに参加した姿を表す。季には末っ子が選ばれることが多く、「すえ」の意味をもつ。また、春季（春の季節）のように「とき」の意味にも用いる。

漢字の「つながり」

利《リ》《きく》

利は禾をリ（刀）で刈り取る形。刈り取ってもうけとすることから利益、刈り取る刀が鋭いことから鋭利などと用いる。

秀《シュウ》《ひいでる》

禾の穂が垂れて花が咲いている形。花咲くときは最も美しくひいでた、ぬきんでた状態であることから「ひいでる」の意となる。

杪《ビョウ》

稲の実の先端から出ている「のぎ（堅い毛）」の意。のぎはきわめて細く、小さいものなので、「かすか、わずか」の意に用い、分の六十分の一の単位をいう。

漢字問題

①創立百二十シュウネンを迎える。

②日本には美しいシキがある。

③図書イインカイの活動を行う。

④祖父からおトシダマをもらった。

⑤判断を議長にユダねる。

解答欄

白川先生のことば

論語の文章は、簡潔で美しい。特に孔子がみずから語っているものには、その人を思わせるような文がある。

『白川静著作集6』482ページ

⑧ 系のつながり

系

ケイ

系は手（爪《つめ》）で持った飾り糸が連なって垂れている形。飾り糸が連なっているところから、血すじや家すじなど「連なるもの」をいう。系図、系列、大系などと用いる。

係

ケイ

かかり

かかる

係はイと系との組み合わせ。イは人にかかわること。系は飾り糸が連なっている形。飾り糸が連なるように人と人とをつなぎ、関わることを表す。連係（相手と密接なつながりをもつこと）や関係（二つ以上のものがつながりをもつこと）のように用いる。国語では、「かかり」と読んで、ある仕事を担当する人のことをいう。

孫

ソン

まご

孫は子と系との組み合わせ。系は飾り糸が連なっている形で「つながり」の意味がある。家の血すじ（家系）をつなぐのが子や孫、子孫である。昔の中国では、亡くなった祖父を祭るときに、孫が祖父の代わりの役割（かたしろ）をつとめたので、孫は、家系をつなぐ大切な子どもとされた。

漢字の「つながり」

県《ケン》

県は縣の略字。縣は木にひもで首を逆さまにぶら下げている形で「かける、つりさげる」の意。敵の首をかけるのは魔除けの意味がある。

懸《ケン／ケ》《かかる／かける》

（古代文字なし）

縣がのちに行政単位としての「県」の意味で使われるようになると、「かける」の意味には懸を用いる。命がけで物事をすることを「懸命」という。

遜《ソン》

今は謙遜（ひかえめにすること）のように「ゆずる、へりくだる」の意で使う。遜色がない（劣る様子がない）、不遜（おごり高ぶった態度をとること）などとも使う。

漢字問題

① シソンの繁栄を願う。

② 外国と友好なカンケイを築く。

③ 私のカケイは長寿である。

④ カカリチョウに任命された。

⑤ 同じケイイレツの会社に勤める。

解答欄

白川先生のことば

織物を織りますときに、糸の末端のところを結びとめて、これで終りということです。（略）糸でありますから、糸扁《へん》をつけて終となる。（略）これを一年の季節の循環《じゅんかん》の上に適用しますと、冬が一年の終りになります。

『文字講話Ⅲ』23ページ

① 辰は物の動き

振

シン

ふる
ふるう
ふれる

振は扌《てへん》と辰との組み合わせ。辰は蜃（はまぐり）が足を出して動いている形で、物が「うごく」ことを表す。扌を加えた振は、手で揺《ゆ》り動かすことから、「ふる、ふるう」の意味となる。物を揺り動かすことによって、生命力が目覚め、発揮されると考えたことから、振興のように物事を動かして「盛んにする」、振起のように心を「ふるいたたせる」の意味に用いる。

震

シン

ふるう
ふるえる

震は雨と辰との組み合わせ。雨は自然現象を表す。ここでの自然現象は「かみなり、かみなりのとどろき」をいう。かみなりのとどろきによって、空気が「ふるう、ふるえる」ことを震という。のち、すべて人や物が「ふるう、ふるえる」の意味となる。

娠

シン

娠は女と辰との組み合わせ。妊娠した女性の腹の中で赤ちゃんが動くことを娠といい、「はらむ、みごもる」の意味で用いる。妊娠の妊も、女性の腹がふくらんでいる形の字で、「ふくらみ、はらむ」の意味がある。

漢字の「つながり」

農《ノウ》

田と辰との組み合わせ。田は田畑。辰はここでは農具のこと。田畑を農具で耕すことをいう。曲は田が誤った形。

辱《ジョク》　はずかしめる

辰と寸との組み合わせ。農具を手(寸)に持つ形が辱。もとは、雑草を取り除くの意。今は、「はずかしめる、はずかしい」の意で用いる。

唇《シン》　くちびる

辰と口(𠙵《さい》)との組み合わせ。もとは辰に𠙵を加えて、占いをすることをいったが、体を表す月をつけた脣と通用し、「くちびる」の意に用いる。

漢字問題

① 怖くてフルえる。

② モーターが激しくシンドウしている。

③ ニンシンしている人に席を譲った。

④ いつも大ジシンに備えておきたい。

⑤ 手をフって答える。

解答欄

白川先生のことば

風雨を司《つかさど》る最高の神は帝であった。帝は風雨のみならず、あらゆる自然現象の奥にあって、それを主宰《しゅさい》するものである。古代の人々の生活を直接に左右するものは、帝が適度の雨を降らせ、収穫が期待されるかどうかということであった。

『白川静著作集4』41ページ

② 羊は神の使い

美

ビ　うつくしい

羊の全形。羊の角《つの》から後ろ足までの全体を上から見た形。犠牲（いけにえ）として供《そな》えられる羊は欠陥《けっかん》がなく成熟した羊であったので、その羊の全身の「うつくしい」ことを美という。のち、すべて「うつくしい」ことを表す。

善

ゼン　よい

善のもとの字は譱《ぜん》。羊を真ん中にして左右に言を書く。古代の裁判は、原告・被告の両方が羊を連れてきて自己の正当性を訴え、神さまが判断する「羊神判《ようしんぱん》」であった。神さまの意思が羊に乗り移って伝えられたのである。羊の左右にある言は、神さまに訴える原告と被告の双方をさす。神聖な羊の前で善悪を決し、神さまの意思にかなった方を善といい、「よい、ただしい」の意味となる。

祥

ショウ

祥はネ（示）と羊との組み合わせ。羊は裁判（羊神判）のときに神さまの意思を伝える役割を果たす動物。その羊による裁判でよい結果を得ることを「祥」といった。「さいわい、めでたい」の意味となる。のち、あらかじめ吉凶を考えることを祥といい、「しるし、きざし」の意味となる。

漢字の「つながり」

群
グン
むら／むれ　むれる

君と羊との組み合わせ。君にはむれをなして集まるという意味がある。羊はむれを作って行動する習性があるので、そのむれを「群」という。

義
ギ

羊とのこぎりの形の我との組み合わせ。羊をのこぎりで切って犠牲（いけにえ）にすることを表す。この羊は体全体が完璧だったので、「ただしい、よい」の意となる。

養
ヨウ
やしなう

古代文字は羊を鞭《むち》でたたく形（攴《ぼく》）からなる。羊を飼うことをいう。のちに、「やしなう、そだてる」の意となる。

漢字問題

① 仕事の手順をカイゼンする。

② 神社でキッショウのお守りを買う。

③ ゼンイの募金が集まった。

④ ユウビな舞いを披露した。

⑤ 歌舞伎ハッショウの地を訪ねた。

解答欄

白川先生のことば

中国の文学の中には、たいへんおもしろい主張があってね、「あまりうまくてはいかん」というんです。上手であってはいかん。陶淵明《とうえんめい》の言葉の中に、拙《へた》でなけりゃいかん。拙《せつ》を守るという言葉がある。これは僕のたいへん好きな言葉なんですがね。

『回思九十年』369ページ

③ 皮をはがす

皮　ヒ　かわ

皮は獣の「かわ」を手（又）で引きはがしている形。引きはがした全身の皮をひらいてなめした形が革である。皮革（加工した動物の皮）は古代の衣服や武具・装備などのための最も重要な材料であった。皮は「かわ」のほかに、皮相、皮肉のように、「おもて、うわべ、うわつら」の意味に用いる。

被　ヒ　こうむる

被は衤《ころもへん》と皮との組み合わせ。衤は着るもの。皮は表面をおおうもので、寝《ね》巻《まき》や掛布団のように、人の身体を包むように着るものを被といった。それで、被は「おおう、おおい、かぶる、こうむる」の意味に用いる。被服や法被《はっぴ》という用い方の他に、被害（害をこうむる）のように受け身の意味でも用いる。

披　ヒ

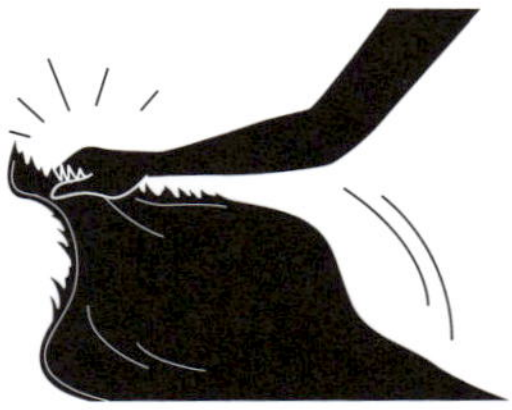

披は扌と皮との組み合わせ。はがす動作を披といい、「ひらく」の意味となる。披見（ひらいて見ること）。披瀝《ひれき》（心中を隠さず打ち明けること）、披露（みんなに広く知らせたり、見せたりすること）のように用いる。

漢字の「つながり」

波 ハ　なみ

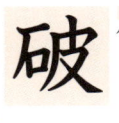

波は氵と皮の組み合わせ。獣の皮を引きはがすと「なみ」のようにうねうねと続く。

破 ハ　やぶる／やぶれる

石の表面がくだけはがれることをいう。「やぶる、やぶれる、こわす」などの意に用いる。

疲 ヒ　つかれる

皮は音（ヒ）を示す役割。「つかれる、ものうい」の意に用いる。「疲労」とは、心身ともにつかれてしまうこと。

漢字問題

① 台風で大きなヒガイを受ける。

② 結婚ヒロウ宴に出席する。

③ ヒニクばかりを言う友人。

④ ヒフク室で裁縫《さいほう》をする。

⑤ 捕らぬたぬきのカワザンヨウ。

解答欄

白川先生のことば

占いというのは、ただ占って神様の思し召しを承《うけたまわ》るだけでなくて、神が卜兆《ぼくちょう》において示した判断は、神が将来に向かってそれを実現する義務を負うのです。そのためには、文字に刻して残しておく必要がある。占卜《せんぼく》とは、神様に神託者としての義務を負わせるという意味をもっている。

『白川静著作集2』444ページ

5 動物・植物

④ 隹《すい》はふるとり

集

シュウ

あつめる
あつまる
つどう

集は隹と木との組み合わせ。隹は鳥の形。木は樹木。古くは雧で、多くの鳥が集まり、木に止まる形で、「あつまる、つどう」の意味となる。古来、鳥の集散によって占う「鳥占い」で事を決めることが行われていた。鳥が群がって集まることは吉兆とする考え方があり、そのことから事が成就する（実現する）の意味で用いられることもあった。

雇

コ

やとう

雇は戸と隹との組み合わせ。戸は神さまを祭る神棚《かみだな》の片開きの扉《とびら》の形。雇は戸の前に隹をおいて鳥占いをし、神さまの心を尋ねること。隹の力を借りて神意を問うことを雇という。それで雇は「やとう（借りて使う）」の意味となる。のち、賃金を払って人を使うことを「やとう」という。

焦

ショウ

あせる
こげる
こがす

焦は隹と灬との組み合わせ。灬は火を表す。隹（鳥）に火を加え、鳥を焼くことをいう。焼き鳥を表す。のち、すべて「やく、こげる、こがす」の意味となる。また、人の心情を表す「焦心」、「焦慮」のように「気持ちをいらだたせること、思い悩むこと」に用いる。国語では「あせる」と読む。

漢字の「つながり」

進《シン》 すすむ

古く軍の進退を決めるために鳥占いが行われた。前にすすめる場合を進といい、「すすめる、すすむ」の意。

推《スイ》 おす

推の隹も占いに使われた鳥。鳥占いによって事を推しはかり（推測）、推し進める（推進）ことをいい、「おす、すすめる、おしはかる」の意。

奪《ダツ》 うばう

大（衣）と隹（鳥）と寸（手）との組み合わせ。死者の衣から霊（鳥）が逃げ出そうとするのを手で捕《つか》まえようとする儀礼をいう。「とらえる、とる、うばう」の意。

漢字問題

① 切手のシュウシュウが趣味だ。

② コヨウ条件が悪い。

③ ショウテン距離を合わせる。

④ 新しい会社にヤトわれる。

⑤ 財布が見当たらなくてアセった。

解答欄

白川先生のことば

すべての知識がはじめから全体観をもって与えられるものではない。まず部分から次第に広げていく以外にはない。しかし知識というものは、一度与えて覚えるというものでもない。塗《ぬ》りものと一緒で、もう何十回も塗りかさねることによって、初めてその色が完成する。

『桂東雑記Ⅱ』176ページ

⑤ 犬が悪霊から守る

突

トツ
つく

突のもとの字は突。突は穴と犬との組み合わせ。犬は犠牲（いけにえ）として供《そな》える犬。穴は竈《かまど》の穴で、そこに犬を供え、祭ることをいう。竈は火の神さまを祭る神聖な場所であり、嗅覚《きゅうかく》の鋭い犬をいけにえにすることで邪悪なものをいち早くかぎ分け追い払うと信じられていた。竈には煙をぬく筒状の突出している部分があり、それを突といった。そこから、「つきでる、つく」の意味となる。

戻

レイ
もどす
もどる

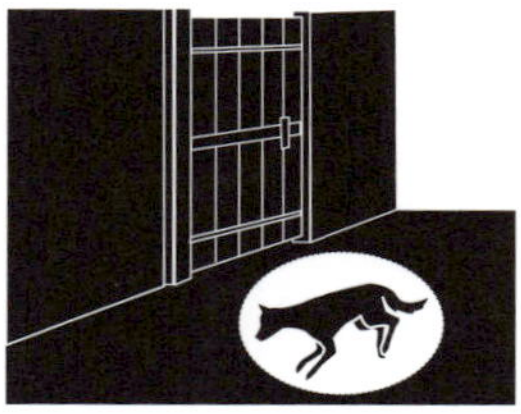

戻のもとの字は戾。戾は戸と犬との組み合わせ。戸は家の出入り口。そこに犠牲（いけにえ）の犬を埋めて玄関から侵入しようとする悪霊を追い払った。悪霊が家に入れず戸口で退散するので戾といい、「もどる、いたる」の意味に用いる。

臭

シュウ
くさい
におう

臭のもとの字は臭。臭は自と犬との組み合わせ。自は正面から見た鼻の形。犬は動物の中で臭いをかぎわける嗅覚が特に鋭いものであるから、臭は「におい、におう、においをかぐ」の意味となり、のちに「悪いにおい、くさい」の意味に用いる。現在の臭（自と大）の字は正しい成り立ちを示す字とはいえない。

漢字の「つながり」

器
キ
うつわ

もとの字は器。㗊《しゅう》と犬との組み合わせ。㗊は𠙵《さい》を四個並べた形。犬は清めの供え物。儀礼のときに使用される犬の血で清められた「うつわ」をいう。

伏
フク
ふす／ふせる

高貴な人が亡くなったとき、地中に潜む悪霊を祓《はら》うために、武装した武人と鼻の利く犬を埋めて、死者を守ることが行われた。「ふせる、ふす」の意。

就
シュウ／ジュ
つく／つける

京《けい》は大きな城門。尤《ゆう》は犠牲（いけにえ）になった犬。城門の落成式に犬の血で祓《はら》い清める儀礼を就という。これで築造が完成するので、「成就する、なる」の意となる。

漢字問題

① トツゼンの雨でもあわてない。
② 保険の解約ヘンレイ金を受け取る。
③ 歯磨きでコウシュウ予防に取り組む。
④ 彼の言葉は意表をツいていた。
⑤ 本を棚にモドす。

解答欄

白川先生のことば

中学で教えていた時、生徒によく詩文の暗誦をさせました。中学時代が一番よく覚えますね。（略）物を考える土台が頭の中に用意されることが大事なんです。だからやっぱり書物は読まないかん。主なものは覚えるくらい読まんといかん。

『回思九十年』145ページ

⑥ 羽が秘めた力

羽

ウ
はね
は

羽は鳥の「はね」を二枚並べた形。羽は飾りに用いられることが多いが、それは単に装飾のためだけではなく、魔除けのお守りとしての意味をもっていた。古代の中国では、鳥は亡くなった先祖の化身《けしん》（生まれ変わり）と考えられていたので、旗や武器などにお守り用として羽飾りをつけることがあった。

習

シュウ
ならう

習は羽と曰《えつ》との組み合わせ。曰は神さまへの願い事が入っている𠙵《さい》を表す。鳥の羽で何度もこすり、願いごとの効果を高めることを習という。よって習は「くりかえす、ならう、なれる」などの意味に用いる。

翁

オウ
おきな

翁は公と羽との組み合わせ。公に「オウ」の音があり、ここでは音のみを表す。翁は鳥の首の毛をいう。その毛が老人の長髪に似ているので、長髪の老人を翁といった。昔、若者は髪を結《ゆ》ったが、翁は結わずに長髪にしていたといわれている。長髪が老人を尊ぶシンボルであった。

漢字の「つながり」

扇《セン》 おうぎ

羽は左右の翅《はね》のあるものなので、両開きの扉《とびら》をいう。のち「うちわ、おうぎ」の意。今の折り畳《たた》み式のおうぎは新しく、十三世紀以後のもの。

翌《ヨク》

古い字は翊《よく》。のちに翌となった。翊は祭日の名前で使われ、「明日の祭り」と呼ばれたので、やがて「あくるひ、あす」の意となった。

翔《ショウ》 かける／とぶ

羊はここでは音の役割。翔は鳥が羽をひろげて、ゆるく舞うように飛ぶことをいう。「とぶ、かける、かけめぐる」などの意。

漢字問題

① 試験に向けてガクシュウする。

② さなぎがウカする。

③ 漢字の成り立ちをナラう。

④ オキナとはおじいさんのことである。

⑤ 昔、お正月にハネつきで遊んだ。

解答欄

白川先生のことば

人に問題をあてがわれるのでは絶対に駄目《だめ》。だから僕は生徒に教える時、「君は何々をしなさい」とは絶対に言わない。「自分の欲するところを勝手にやれ、そのかわり、徹底的に貪欲《どんよく》にやりなさい」と言うんです。

『桂東雑記Ⅱ』166ページ

⑦ ひょうたんから由

由

ユ
ユウ
ユイ
よし

（古代文字なし）

由のもとの形はおそらく卣《ゆう》。ひょうたんの実が熟して種《たね》がはがれ、殻《から》の中が空っぽになった形。古代のひょうたんはくびれがなく、だるま型だったといわれている。「よる、よし」などの意味に用いるのは、音を借りた仮借《かしゃ》の用法である。

油

ユ
あぶら

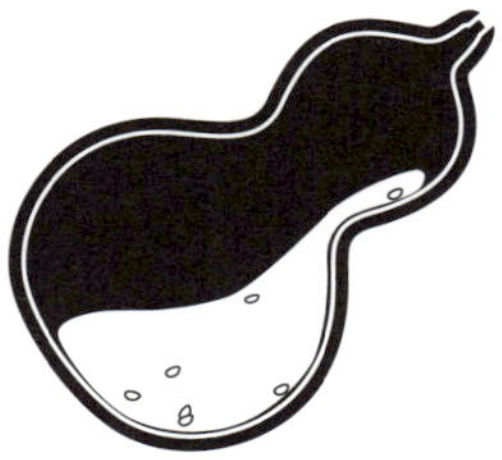

油は氵と由との組み合わせ。氵は液体。由はひょうたん。熟したひょうたんの実から種を取るために水につけると、中からどろどろの液体が出てくる。そのどろどろの液体を油といい、「あぶら、あぶら状のもの」をさす。植物性の「あぶら」を油といい、動物性のものは脂という。

宙

チュウ

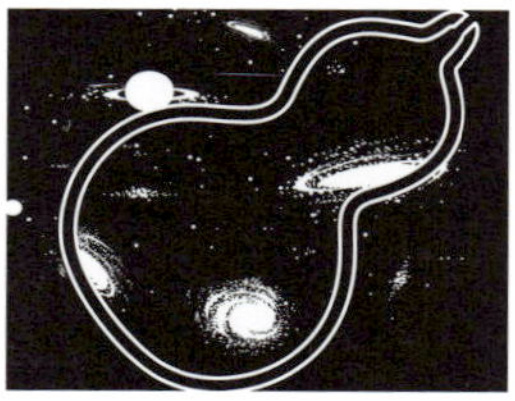

宙は宀《うかんむり》と由との組み合わせ。宀は空間を、由は種を取り出した後のからっぽになったひょうたんを表す。昔の人々も空の向こうに広がる宇宙はからっぽの果てしない空間と想像していたのであろう。宙は「ひろい、ひろいもの」の意味に用いる。

漢字の「つながり」

笛《テキ》《ふえ》

竹の節と節の間の空っぽの空間に穴をあけると楽器の「ふえ」になる。

抽《チュウ》

ひょうたんに水を入れ、腐らせた後、種を乾かす。その種を手で掻《か》きだすのが抽。

軸《ジク》

古い時代、車輪をつないで回転させる横木は、中が空洞の木で作られた。

漢字問題

①成田を**ケイユ**してアメリカに向かう。

②**ユダン**大敵である。

③**チュウ**づりの曲芸。

④**ユイショ**あるお寺。

⑤真実を知る**ヨシ**もなかった。

解答欄

白川先生のことば

人間は若い時には非常に吸収力がある。そういう大事な時に、わかってもわからんでもいいから、なるべく多くのものに接する機会を与えたほうがよい。

『桂東雑記Ⅱ』181ページ

5 動物・植物

⑧ 割れて数を増やす倍

倍《バイ》

倍はイと音《はい》との組み合わせ。音は草木の実が熟し、今にもはじけて割れようとしている形。倍は割れて数を増やすことから「ます、ばいまし」の意味となる。倍加、数倍のように用いる。

剖《ボウ》

剖は音と刂との組み合わせ。音は草木の実が熟して、割れようとしている形で、これを「刂（刀）」で二つに分けることを剖といい、「わける、さく、さきひらく、ひらく」の意味となる。解剖は動物の体を切り開いて、その内部構造を調べること、または筋道を細かく分析して調べることをいう。

培《バイ》 つちかう

培は土《つちへん》と音との組み合わせ。割れて数を増やすように、草木の根もとに土を増すこと、土を上からかけることを培といい、「つちかう（根もとに土をかけて草木を養い育てること）」の意味となる。

漢字の「つながり」

部《ブ》

阝（邑《ゆう》）は、まち、むらを表す。部は「わける、分けられた地域、全体を小分けしたものの一つ」の意に用いる。

陪《バイ》

多くの人が大切な場に同席したり、身分の高い人につき従うなどすること。「したがう、はべる」の意に用いる。

賠《バイ》

（古代文字なし）

貝は財物。古く、人に財物を賠《ばい》償《しょう》する場合は、損失を補てんするために加算して支払うことが行われた。「つぐなう」の意に用いる。

漢字問題

① 所得バイゾウ計画。

② カイボウして原因を調べる。

③ 値段がバイカする。

④ 野菜をサイバイする。

⑤ 細菌をバイヨウする。

解答欄

白川先生のことば

僕は十代の時、広瀬徳蔵という代議士の事務所に住みこんでいましたが、この人は漢詩も作るし、書物は僕が今持ってるぐらいありました。僕はそこで暇な時は、図書館におるような気持ちで本を読んでおったんです。

『回思九十年』145ページ

⑨ 草が生える

生

セイ　ショウ
いきる　うまれる　うむ

生は草が地面から生え出る形。草が芽を出し、生長する姿を表すことから、人や動植物が「うまれる、そだつ、いきる、いのち」という意味で用いる。これらの読み以外に「いかす、いける、うむ、おう、はえる、はやす、なま、き」など多様な読みがある。

世

セイ　セ
よ

世は新しい枝が伸びて芽がついている形。新しい芽が毎年枝から生えてくることから世は新しい時期・世代を表すようになる。そこから意味を広げ「人の一生、生涯、寿命、よ、よのなか」などの意味に用いる。現在の世の中、今生きているこの世を現世、人々が作り上げているこの世の中、または、そこに暮らす人々のことを世間という。

葉

ヨウ
は

葉は艹（艸）と枼《よう》との組み合わせ。枼は木に新しい枝が三本伸びている形。その新しい枝の芽から出てくる薄《うす》いものを葉という。一艘《そう》の小舟を一葉の舟、紙の枚数を数えるときに一枚を一葉ということもある。

漢字の「つながり」

性 セイ／ショウ

人が生まれながらに備えている感性や心情を性といい、「さが」、たち、うまれつき」の意に用いる。

姓 セイ／ショウ

人が生まれて血縁によってつながる親族を姓という。古くは母系による血縁集団だったので「女」を加える。

葉 ヨウ

枼に薄くてひらひらする意がある。木の枝の上にある薄い葉にも、ひらひらと飛ぶ蝶《ちょう》にも、魚の鰈《かれい》にも、ぺらぺらと喋《しゃべ》るのにも用いる。

漢字問題

①二十一世紀をイきる私たち。

②小さな町でイッショウを過ごす。

③彼はシヨウ末節にこだわりすぎる。

④セイメイの誕生。

⑤セケン体を気にする。

解答欄

白川先生のことば

産（產）（略）人が生まれる場合、やはり生が入ります。上の方にありますのは文です。生まれたときに、額《ひたい》にすぐにしるしをつけます。わが国では「あやつこ」といいます。「あや」は霊なるもの、つまり「ここに新しい霊が入ります」という意味です。

『文字講話Ⅲ』202ページ

5 動物・植物

⑩ 木になる実

果

カ　はたす　はてる　はて

果は木の上に実がついている形。木の実をいう。木に芽が出て、花が咲き、やがて実をつける時期を迎えるので、果実の成長の最終段階に当たることから「はたす、はて」の意味となる。また、実という結果をもたらすことから、最後に思い切りよく決断することを果断という。古代文字はみかんの実を切ったときの横断面によく似ている。

課

カ

課は言と果との組み合わせ。課は袋状に分かれているみかんのように、部屋ごとに分かれて仕事を分担する役所や会社の部署をいうときに用いる。また、日課（一日ごとに割り当ててする仕事）のように「割り当てる」の意味でも用いる。

菓

カ

（古代文字なし）

菓は艹（艸）と果との組み合わせ。果は木の上に実がついている形。木の実や草の実などの果実を干して乾燥させたものや砂糖《さとう》漬《づ》けなどにして加工したものを広く菓子と呼んだ。

漢字の「つながり」

裸《ラ》《はだか》

ネ（衣）と果との組み合わせ。人の「すはだ、はだか」を裸という。

夥《カ》《おびただしい》

果と多との組み合わせ。果は細かいものの意。細かいものが多く集まる、密集する状態をいう。ゆえに、「おおい、おびただしい」の意となる。

顆《カ》《つぶ》

果は果実。頁は儀礼の際の人の様子。頁が使われている理由はよく分からない。顆粒などと粒状のものをいうときに使う。

漢字問題

① 毎朝体操をするのがニッカだ。

② ケーキを作るセイカ会社を訪ねる。

③ 練習のセイカがあらわれた。

④ 夏休みのカダイが配られた。

⑤ 来客にワガシを出す。

解答欄

白川先生のことば

漢字にはほとんど全て訓があります。訓を持つことによって日本語になるのです。（略）およそ外国の文字体系を取り入れて、しかもその本国以上に自在にこれを使いこなすというやり方に成功したものは、日本人だけであります。

『桂東雑記Ⅲ』19～21ページ

⑪ 穀物を選《よ》り分ける良

良
リョウ
よい

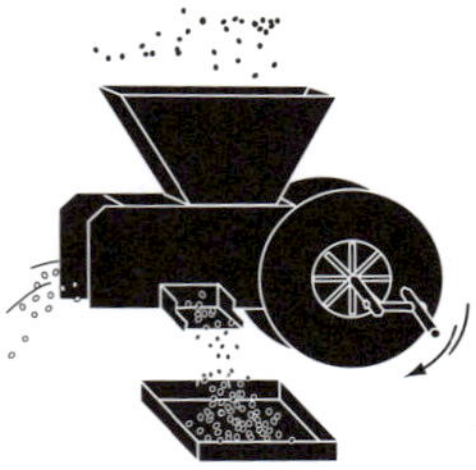

良は稲などの穀物《こくもつ》を箱の中に入れ、風を送って実の入ったよいものと実の入っていないものとを選り分ける道具の形。穀物の良否（よしあし）を分けて、よいものを選び出す道具なので、「よい、まこと」の意味となる。中国から日本に伝わった「唐箕《とうみ》（イラスト参照）」の古い形が良である。

朗
ロウ
ほがらか

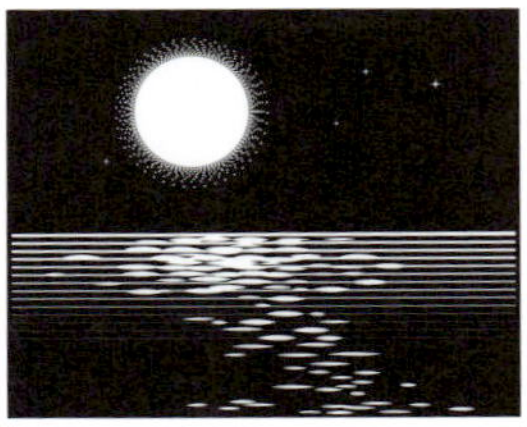

朗のもとの字は朖。朖は良と月との組み合わせ。良は穀物に風を送って良いものを選別する道具なので、「よく通る」の意味を持つ。月は空の月。空の月の光が「よく通る」ことをいい、「あかるい、あきらか」の意味で用いる。朗朗は声の明るく澄んでいること。明朗は明るくてほがらかなこと。「ほがらか」の意味にも用いる。

郎
ロウ

郎は良と阝との組み合わせ。良は「よい」の意味。阝は邑《ゆう》（村）の形であるが、ここでの用い方は不明。郎は良の意味から「良い男」＝良士の意味で用いられ、そこから「おとこ、わかもの、役人」などを表すようになる。

漢字の「つながり」

浪《ロウ》

良は風で穀物をより分ける道具なので、激しく動かすという意をもつ。波浪のように「なみ、うねり」の激しいことをいう。

廊《ロウ》

建物の「ひさし」や「ろうか」のこと。廊廟《ろうびょう》（ひさしのある正殿）などの廊下をいう。その廊下には政務を行う役人（郎）がひかえていたのであろう。

娘《むすめ》

もとの字は孃。隋・唐時代から「娘」を使うようになった。郎が良い男を表すように、良い女を表す娘が作られたのであろう。

漢字問題

①隣国とリョウコウな関係を築く。

②シンロウと新婦が登場する。

③彼はメイロウ活発な人だ。

④展覧会に向けてヨい作品が出来る。

⑤彼女はホガらかに笑った。

解答欄

白川先生のことば

人がその始源の生活のなかで、直接に自然の威力《いりょく》に接し、その恩恵を受けたのは、いうまでもなく火と水とであった。火は活動的な、その活力の源泉として、また水は沈静《ちんせい》な、恵みにみちたものとして、かれらの生活を支えた。それはいわば動と静との世界である。

『白川静著作集3』398ページ

⑫ 苗木を広く植える

博

バク
ハク

博のもとの字は博。博は尃《ふ》と十との組み合わせ。十はおそらく干《たて》の形だが、明らかになっていない。尃は根を包んだ苗木（甫）を、手（寸）に持つ形で、苗木を土に植えることをいう。苗木はひろく敷き詰めて植えられるので、博には「ひろい、おおいに」の意味がある。

敷

フ
しく

敷のもとの字は敷。敷は、旉《ふ》（尃と同じ）と攴《ぼく》との組み合わせ。攴は「打つ」の意味。苗木を植え、土をうち固めることを敷という。「しく、ほどこす、ひろめる」などの意味に用いる。

薄

ハク
うすい
うすめる
うすまる

薄のもとの字は薄。薄は艹と溥との組み合わせ。溥にある尃には、「広くゆき渡らせる」の意味の他に「ものを打ってうすくする」という意味がある。薄は、薄情、薄給、軽薄のように「うすい、すくない」の意味で用いられる。

漢字の「つながり」

縛《バク》
しばる

苗木の根を紐《ひも》などで「しばる」ことを縛という。のち、すべて「しばる、くくる」の意に用いる。

溥《フ》
ひろい

木を広く植えることから、「広い、大きい、おおいに、あまねし」の意味となる。専は溥のもとの字である。

簿《ボ》

（古代文字なし）

竹と溥との組み合わせ。溥にある専には「うすい」の意がある。竹の札の薄いものを簿といい、それをつづったものを簿書、帳簿という。

漢字問題

① 大阪で万国ハクランカイが開かれる。

② 流行にとびつくのはケイハクだ。

③ ふとんをシく。

④ 彼のハクガクぶりには驚かされる。

⑤ ウス明るい朝の時間に出発した。

解答欄

白川先生のことば

男は田を書いて、力（耜《すき》）が書いてありますから、田で働く者が男であると思われるかもしれませんが、本当はそうではない。男は公・侯・伯・子・男の男でありまして、農耕の管理者です。

『文字講話Ⅲ』116ページ

① 兆の熱いパワー

兆

チョウ

きざし
きざす

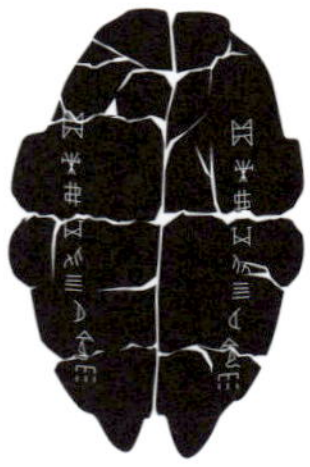

兆は亀甲を焼いて神の意向を占うときのひび割れの形。亀甲の裏側に穴をあけ、その穴に火で熱した棒をあてると甲骨に卜の形のひびが入る。そのひびが左右に向き合った形が兆で、これによって吉凶を占うので、「きざし、はじめ、しるし」の意味となる。また、数の単位（億の一万倍）としても用いる。

跳

チョウ

とぶ
はねる

跳は𧾷《あしへん》と兆との組み合わせ。亀甲に火をあてるとはじけてひびが入るように、勢いよく飛び上がることを跳という。熱さで一気にひびが入るように力を内にためて、激しく外にあらわす行為をいう。

挑

チョウ

いどむ

挑は扌《てへん》と兆との組み合わせ。熱の力でひびをつけるように、変化を求めて熱い思いで何かにいどむことを挑という。挑戦とは戦いを仕掛けること、また困難なことに立ち向かうことである。

漢字の「つながり」

桃 トウ もも

兆に未来のきざしを占う熱いパワーがあるように、桃の木には邪気を祓《はら》う強いパワーがあるとされる。

逃 トウ にげる／のがす のがれる

勢いよく走り去ることを逃という。逃げることにもパワーが必要であることを兆の字が教えてくれる。

眺 チョウ ながめる

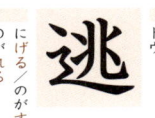

眺は、はじめあらぬ方をながめるという意味で用いられたが、のち、遠くを望むこと、「ながめる」の意で用いる。

漢字問題

① 火山噴火のゼンチョウ現象。

② チョウバが得意な体操選手。

③ チョウハツ行動が続く。

④ 彼のチョウヤク力はすごい。

⑤ 春のキザしが感じられる。

解答欄

白川先生のことば

貝を用いる神判には环珓《はいこう》という方法があって、貝を投げてその裏表によって吉凶を定める単純なものである。貝は呪器として、神聖なものとされていたのである。その敗者を敗というのは、その貝がうちこわされるからであろう。敗は貝を撃つ形である。

『白川静著作集7』92ページ

6 もの

② 其《き》はちりとり

基

キ

もと もとい

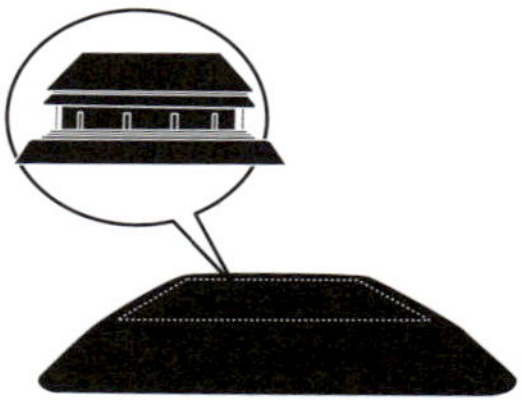

基は其と土との組み合わせ。其は四角形のちりとりと物を置く台からなる。建物を建てるとき、一定の大きさの四角い台を土で固めて作り、その上に建物を建てる方法がとられた。そのことから基は、ものごとをささえる「土台、もと、もとい」の意味で用いられる。

旗

キ

はた

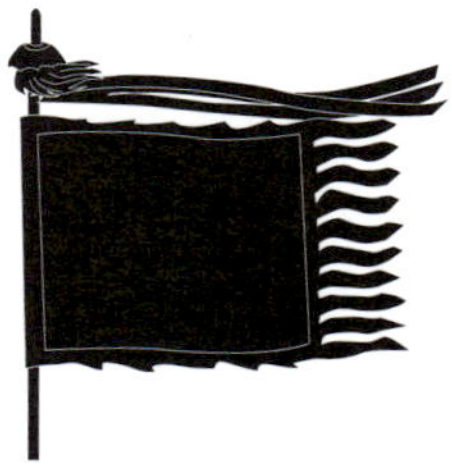

旗は㫃《えん》と其との組み合わせ。㫃は吹き流しをつけた旗ざお。旗ざおにつける旗は四角形であることを示す。昔は戦いのときの目印、軍旗であった。軍を進めるとき、前方に川があるときは青い旗、敵がいるときは虎の皮を立てる規定があったという。

期

キ ゴ

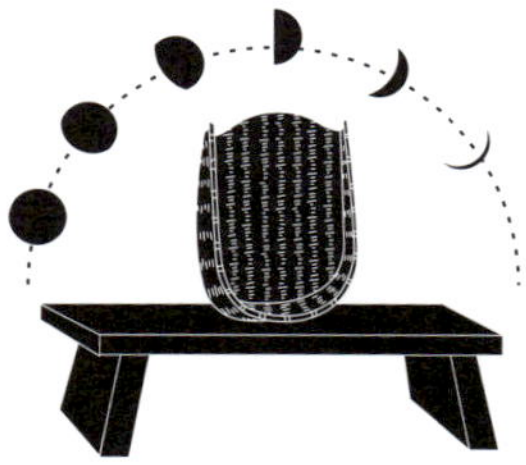

期は其と月との組み合わせ。其は「四角いもの、一定の大きさ、区切り」のことをいう。月はめぐる時間を表す。それで、時間が一定の長さで区切られることを期といい、学期、周期、期間などと用いる。

漢字の「つながり」

欺《あざむく》 ギ

鬼やらい（邪気を祓《はら》う行事）などのときに四角形の大きな仮面をつけて神に扮《ふん》し演技をしたことから仮面で鬼をあざむき、いつわるというのがもとの意。

碁 ゴ

（古代文字なし）

其に期《ご》の音がある。碁は正方形の盤で、白・黒の石を使って争う遊戯で烏鷺《うろ》ともいう。中国秦漢時代から始まり、日本には八世紀に伝えられたという。

棋 キ

正方形の盤上で「王（玉）」を取り合う将棋の「棋」。中国の戦国時代の中山王墓から盤が出土した。こちらも古い時代から行われた遊戯。

漢字問題

①どんなことでもキホンが大事だ。

②オリンピックでキシュを務めた。

③キゲンを守って作品を提出した。

④新しい建物のキソ工事が終わった。

⑤病院で祖父のサイゴをみとる。

解答欄

白川先生のことば

遊ぶものは神である。神のみが、遊ぶことができた。遊は絶対の自由と、ゆたかな創造の世界である。それは神の世界に外ならない。この神の世界にかかわるとき、人もともに遊ぶことができた。

『白川静著作集3』9ページ

6 もの

③ 同じ仲間

同

ドウ

おなじ

同は凡《ぼん》と口（𠙵《さい》）との組み合わせ。凡は盤《ばん》のことで、酒を入れて杯《さかずき》として用いる筒形の器をいう。𠙵は神さまへの願い事を入れる器。古代中国には、諸侯が王の前に集まって酒を飲んで神さまに祈る会同という儀礼があった。そのときに使われた酒杯が同で、諸侯が共に酒を酌《く》み交わしたことから「ともにする」「おなじ」の意味となる。

筒

トウ

つつ

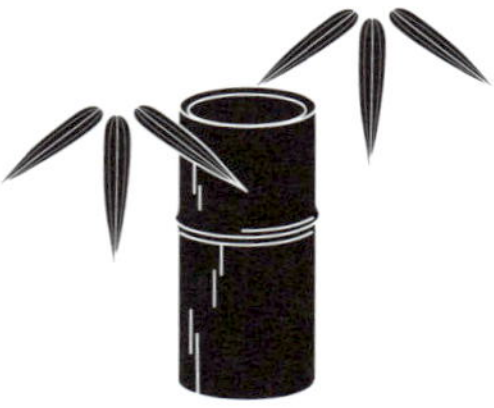

筒は⺮と同との組み合わせ。竹はその節《ふし》の部分から切断すれば、容易に筒形の器ができる。同を含む字には筒形の意味を持つものが多い。竹と同を合わせた字が筒で、意味もまさに「つつ」である。

洞

ドウ

ほら

洞は氵と同との組み合わせ。洞窟、洞穴のことをいう。筒形の洞穴は水勢によって作られることが多く、奥が深いものが多い。「ほら、ほらあな」の意味から「とおる、つらぬく、ふかい」の意味に用いる。「洞察（奥深いところまで見通すこと）」のように用いる。

漢字の「つながり」

胴《ドウ》

（古代文字なし）

同に身体を示す月《にくづき》をそえて、身体の中心部分である胴体をいう。

銅《ドウ》

同は音（ドウ）を表す役割。青銅器の材料となった「あかがね、どう」をいう。作られた直後の青銅器は金色に輝いていたという。

桐《ドウ》《きり》

同は音（ドウ）を表す役割。落葉高木の名で、初夏に薄紫の花を咲かせる「きり」のこと。

漢字問題

① 遠足にスイトウを持っていく。
② 名前と顔をコンドウしてしまった。
③ 国内の産業がクウドウ化する。
④ 彼の境遇にドウジョウした。
⑤ 彼にはドウサツリョクがある。

解答欄

白川先生のことば

みそぎは、海辺で行なわれるのがもっとも祓《はら》いとして効果があるとされ、山間の祭事にも「浜下り〔海浜や河辺に行ってみそぎをすること〕」をしたり、また社殿の近くに白《はく》沙《さ》をもって、潮花《しおばな》を用いたり、すべて清めには塩を用いる習俗を生んだ。

『白川静著作集7』96ページ

④ 車の上に立てた旗

軍

グン

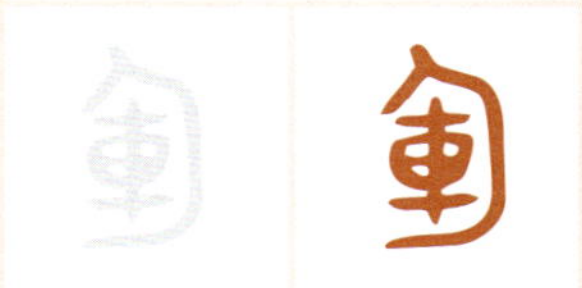

軍は車の上に立てた旗がなびいている形。将軍は自分の兵車の上に旗を立てて全軍を指揮する。全軍はその旗の動きによって兵車を移動させるのである。このように軍は将軍の乗る兵車の意味であることから、軍全体を表すようになり、さらに「いくさ、戦争」をも表すようになった。

運

ウン
はこぶ

運は辵《しんにょう》（辶）と軍との組み合わせ。軍は将軍の乗る兵車に立てた旗の形。将軍の乗る兵車の旗の動きによって全軍の指揮が行われた。全軍は将軍の旗の動きに合わせて軍を巡回させたり、移動させたりしたことから、運は「めぐらす、めぐる、うごかす、はこぶ」の意味で用いられるようになる。機械や乗り物を操《あやつ》って動かすことを運転、よいめぐりあわせを幸運という。

揮

キ

揮は扌と軍との組み合わせ。揮は旗を手で動かして指揮することをいう。発揮という語は、発が戦《いくさ》の開始の前に弓矢を放って進撃を知らせる方法であり、揮は旗を振って軍を動かす方法で、共に軍事に関する語だった。のち、発は、「はじめる、おこる」、揮は「ふるう、うごかす」の意味で用いる。

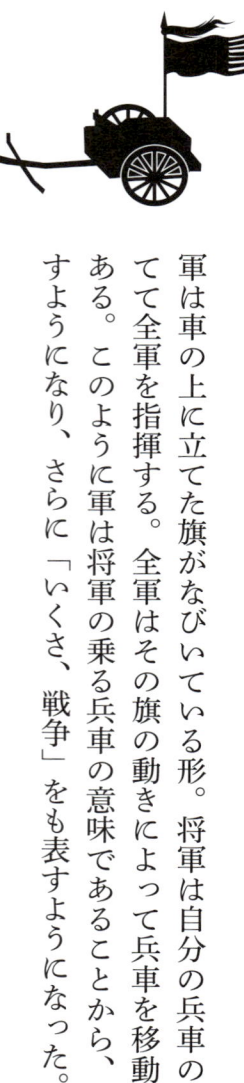

漢字の「つながり」

連
レン
つらなる／つらねる
つれる

もとは背負って物を運ぶ道具をいう。左右を貫くものを表す聯《れん》と通じて、「つらなる、つらねる、つづく」の意味に用いる。

庫
コ／ク

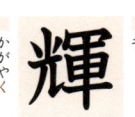

广《げん》は崖《がけ》ふちの家の形。兵車をおさめる建物を庫といい、兵車の「くら」、車庫の意となる。のち、すべて物を納める「くら」の意となる。

輝
キ
かがやく

軍に揮《き》の音がある。煇を正字として「ひかり、かがやく」の意に用いる。もとはキラキラというように音を写した擬声語であったらしい。

漢字問題

① グンジ作戦が始まった。

② 自動車のウンテンをする。

③ 彼は有名なシキ者だ。

④ 祖父はカイウン業を営む。

⑤ エタノールはキハツ性物質だ。

解答欄

白川先生のことば

戦争は武器をもつことから始まる。これが戦争の最初であります。そして、今日は大変な武器の時代になっている。（略）地球がふっとんでしまうというほどの軍備が今日存在する。戦争について、我々は余程深く考えなければならんというふうに思います。

『文字講話Ⅱ』216～217ページ

⑤ くぎを打つ

丁
チョウ
テイ

丁の甲骨（）は、くぎの頭を上から見た形。篆文（）は、くぎを横から見た形である。現在の字形（丁）はくぎを横から見た篆文を踏襲しているが、単独で「くぎ」の意味に用いられることはない。国語では十干の四番目の丁（ひのと）、街の区切り目として一丁目、二丁目、豆腐を数えるときに一丁、二丁などと用いる。「くぎ」を表す字は「金《かねへん》」をつけた「釘《くぎ》」の字を用いる。

打
ダ
うつ

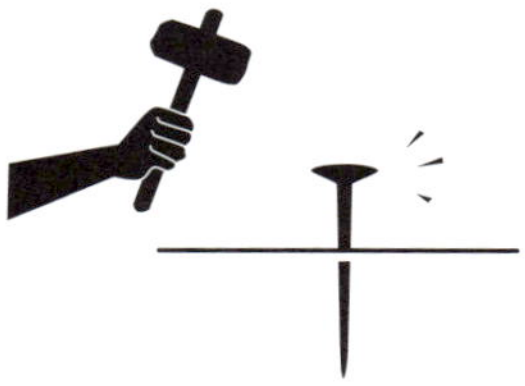

打は扌と丁との組み合わせ。扌は手。釘を打ち込むことを打といい、物を製作するときの動作で「うつ、たたく」の意味に用いる。同じ「うつ」の字に撃つがあるが、撃は袋の中の穀物を脱穀するときに外から連続して強くうつことをいう。激しくうつので、戦闘行為をいう字に用いる。

頂
チョウ
いただき
いただく

頂は丁と頁《けつ》との組み合わせ。古い形（甲骨）が釘の頭の平面形を表したので、頭のてっぺんをいう。頁は頭に儀礼用の帽子をつけて拝《おが》んでいる人の姿。それで、人の身体の一番上を頂といい、「いただき」、「頭頂の平らかなところ」の意味となる。現在は広く「いただき」をいう。国語では「いただく」と読み、ごちそうを頂く、雪を頂いた峰のように用いる。

漢字の「つながり」

町《チョウ》《まち》

田と田との間のあぜ道に丁（杭《くい》）をうち、区画を定めた。やがて、その区画に人々が集まるようになり、「まち」となった。

停《テイ》

亭はアーチ形の出入りの門のある宿舎と物見やぐらを兼《か》ねた高い建物。官吏《かんり》の宿舎にした。そこに人が宿泊することを停といい、「とまる、とどまる、憩《いこ》う」の意。

訂《テイ》

丁は釘を横から見た形で、釘の頭をたたいて安定させるという意味がある。訂正、改訂、校訂のように「ただす」の意に用いる。

漢字問題

①ダキュウは外野スタンドに飛び込んだ。

②彼の強さはゼッチョウ期を迎えている。

③先生の意向をダシンする。

④お客様をテイチョウにもてなす。

⑤エベレストのトウチョウに成功する。

解答欄

白川先生のことば

今は古典があまりにも軽視され過ぎている。（略）私は古典教育というものが、少年期から大人に脱皮して、成人として完成されるための、きわめて重要な教養であると考えています。

『漢字講話Ⅳ』177ページ

⑥ 筆を手にして

書

ショ

かく

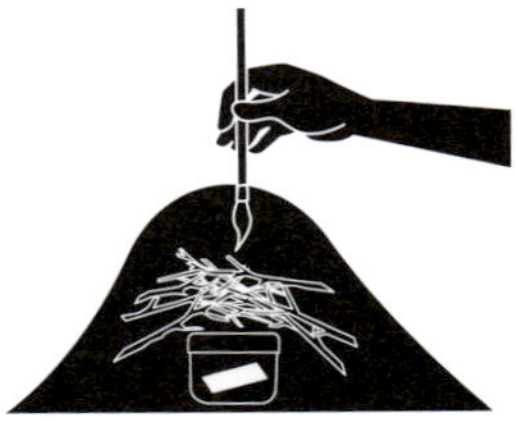

書は、聿《いつ》と者（者）との組み合わせ。聿は、筆を手に持つ形で、ふでの意味となる。者は曰《えつ》（願い事をいれた𠙵《さい》）の上に木の枝を重ね、土をかけて作ったお土居《どい》（土の壁）をいう。お土居の中に魔除けの曰を埋めて、外からの侵入を防ぐおまじないとした。その魔除けのお守りとして曰に入れた神聖な文字を書という。書はのち、広く「かく、ふみ、書物、手紙」などの意味となった。

画

ガ
カク

画のもとの字は畫。畫は聿と田との組み合わせ。「田」はこの場合、模様を描いた四角い盾の形を示す。「畫」は、盾に模様を「えがく」こと、また描かれた「え（模様）」をいう。また、盾の模様を十字形に区画して描くことから「区画（くぎること）」の意味ももつ。

筆

ヒツ

ふで

筆は、竹と聿との組み合わせ。筆は竹を材料にすることが多く、聿に竹をそえた「筆」は、「ふで、ふででかく、かく」の意味となる。筆の起源は古く甲骨や金文の時代にまでさかのぼることができる。

漢字の「つながり」

律 リツ／リチ

筆で書いたものを広く知らせることをいう。法律や、長さや重さをはかる単位などものの基本となるものだから「のり、おきて、さだめ」の意となる。

建 ケン／コン　たつ／たてる

廴《いん》（中庭の壁）と聿（筆）とからなる。建はもと測量し、区画し、都の設営をいう字であったが、のち、建物をつくることから、「たてる」の意となる。

昼 チュウ　ひる

もとの字は晝。聿と日からなる。日（太陽）の異変に対する祓《はら》いの方法を示すのではないかと思われるが、成り立ちは不明。「日、ひるま、日中」の意。

漢字問題

① カイガを鑑賞する。

② 祖父はタッピツだ。

③ 古いショモツを読む。

④ 土地をクカク整理する。

⑤ 経典をショシャする。

解答欄

白川先生のことば

（略）文字教育というのは、知識のいわば原点であると思う。こういうことは、僕の書いた『字統』『字訓』『字通』の三部作を読んでもらえれば、よくわかってもらえると思う。

『桂東雑記Ⅱ』178ページ

漢字問題　解答

【1　人体】

①　①見聞　②聴衆　③聴　④聖火　⑤聞

②　①見学　②率直　③省　④直筆　⑤省略

③　①思考　②念仏　③想像　④念　⑤想定

④　①受賞　②反射　③支離　④支出　⑤反抗

⑤　①共通　②兵器　③道具　④共感　⑤遊具

⑥　①異常　②鬼門　③入魂　④異口　⑤商魂

⑦　①至急　②級友　③普及　④及　⑤急速

⑧　①自給自足　②消息　③異臭　④息切　⑤臭

⑨　①大文字　②立証　③雨天　④大衆　⑤両立

⑩　①進歩　②中止　③企画　④停止　⑤企

⑪　①既存　②郷里　③即戦力　④既　⑤即座

⑫　①炊飯器　②吹奏楽　③応援歌　④炊　⑤吹

【2　自然】

①　①虹　②風評　③空前　④風情　⑤空路

②　①清書　②青銅　③清算　④精進　⑤精密

③　①墓前　②歳暮　③漠然　④薄暮　⑤墓穴

④　①素朴　②引率　③質素　④玄米　⑤率先

⑤ ①勇気 ②舞踊 ③湧出 ④勇 ⑤踊

⑥ ①水道 ②各派 ③永住 ④特派 ⑤永

【3 祈り・願い事】

① ①祭礼 ②推察 ③際限 ④察知 ⑤祭典

② ①長兄 ②祝辞 ③呪文 ④祝儀 ⑤呪

③ ①至福 ②茶室 ③屋外 ④必至 ⑤社屋

④ ①古代 ②頑固 ③故意 ④固執 ⑤故郷

⑤ ①予鈴 ②法令 ③寿命 ④風鈴 ⑤司令塔

⑥ ①会場 ②山陽 ③負傷 ④陽気 ⑤傷心

⑦ ①存在 ②才能 ③素材 ④才覚 ⑤在任

⑧ ①親孝行 ②薪 ③新緑 ④親切 ⑤薪

⑨ ①医者 ②首都 ③不都合 ④諸事情 ⑤若者

⑩ ①熱狂 ②往来 ③王位 ④往復 ⑤狂

【4 人事】

① ①分解 ②粉末 ③貧困 ④貧血 ⑤製粉

② ①積雪 ②職責 ③戦績 ④自責 ⑤実績

③ ①正当 ②出征 ③政党 ④正統 ⑤遠征

④ ①生還 ②悲哀 ③哀 ④衰弱 ⑤衰

⑤ ①卒倒 ②懐中 ③懐 ④遠慮 ⑤卒業

⑥ ①気配 ②酒蔵 ③尊重 ④日本酒 ⑤配達

⑦ ①周年 ②四季 ③委員会 ④年玉 ⑤委

⑧ ①子孫 ②関係 ③家系 ④係長 ⑤系列

【5 動物・植物】

① ①震 ②振動 ③妊娠 ④地震 ⑤振

② ①改善 ②吉祥 ③善意 ④優美 ⑤発祥

③ ①被害 ②披露 ③皮肉 ④被服 ⑤皮算用

④ ①収集 ②雇用 ③焦点 ④雇 ⑤焦

⑤ ①突然 ②返戻 ③口臭 ④突 ⑤戻

⑥ ①学習 ②羽化 ③習 ④翁 ⑤羽根

⑦ ①経由 ②油断 ③宙 ④由緒 ⑤由

⑧ ①倍増 ②解剖 ③倍加 ④栽培 ⑤培養

⑨ ①生 ②一生 ③枝葉 ④生命 ⑤世間

⑩ ①日課 ②製菓 ③成果 ④課題 ⑤和菓子

⑪ ①良好 ②新郎 ③明朗 ④良 ⑤朗

⑫ ①博覧会 ②軽薄 ③敷 ④博学 ⑤薄

【6 もの】

① ①前兆 ②跳馬 ③挑発 ④跳躍 ⑤兆

② ①基本 ②旗手 ③期限 ④基礎 ⑤最期

③ ①水筒 ②混同 ③空洞 ④同情 ⑤洞察力

④ ①軍事 ②運転 ③指揮 ④海運 ⑤揮発

⑤ ①打球 ②絶頂 ③打診 ④丁重 ⑤登頂

⑥ ①絵画 ②達筆 ③書物 ④区画 ⑤書写

【立命館大学附属校白川式漢字学習法開発委員一覧】（五十音順）

大橋輝子（立命館小学校）
久保裕之（立命館大学白川静記念東洋文字文化研究所）
後藤文男（立命館大学白川静記念東洋文字文化研究所）
志賀都子（立命館小学校）
津藤純子（立命館守山中学校・高等学校）
西原丈人（立命館宇治中学校・高等学校）
長谷川昭（田中学園立命館慶祥小学校）
村田友美（立命館中学校・高等学校）

【イラスト】
金子都美絵

【編集協力】
薄留美

【お問い合わせ】
本書の内容に関するお問い合わせは
弊社お問い合わせフォームをご利用ください。
https://www.heibonsha.co.jp/contact/

白川《しらかわ》静《しずか》先生《せんせい》から学《まな》ぶ
成《な》り立《た》ちとつながりでわかる漢字《かんじ》ノート

発行日　二〇二五年三月一四日　初版第一刷

監修　立命館大学白川静記念東洋文字文化研究所
編集　立命館大学附属校白川式漢字学習法開発委員会
装丁　松田行正・杉本聖士
発行者　下中順平
発行所　株式会社平凡社
〒一〇一―〇〇五一　東京都千代田区神田神保町三―二九
電話　〇三―三二三〇―六五七三（営業）

印刷　株式会社東京印書館
DTP　有限会社ダイワコムズ
製本　大口製本印刷株式会社

ISBN978-4-582-40394-7

乱丁・落丁本のお取り替えは直接平凡社読者サービス係までお送りください。
（送料は平凡社で負担いたします）

白川静（しらかわ しずか） 略歴

立命館大学白川静記念
東洋文字文化研究所の看板前で
（2005年6月）

1910年、福井県福井市に洋服商の次男として生まれる。小学校卒業後、大阪の法律事務所に住み込みで働きながら夜学へ通う。35年、立命館中学教諭となる。43年、立命館大学法文学部漢文学科卒業、同大学予科の教授となり、54年、同大学文学部教授、81年同大学名誉教授。

甲骨文・金文の綿密な読解により、後漢の許慎による文字学の聖典『説文解字』の文字解釈を大きくぬりかえ、「白川文字学」の基層たる『説文新義』を著す。また、古代中国の社会と文化を解明する鍵である西周の青銅器銘文を考釈、それは国内外に類を見ない金文研究の金字塔『金文通釈』として結実した。

その後、自らの字説に基づく字源字書『字統』、日本語と漢字の出会いを探った古語辞典『字訓』、漢和辞典の最高峰『字通』の〈字書三部作〉を完成。2004年には、中国古代文化ならびに東アジア文化研究の発展に対する顕著な貢献を認められ、文化勲章を受章。05年、立命館大学白川静記念東洋文字文化研究所の開設とともに、名誉所長に就任。06年に96歳で没する直前まで、東アジアのエスペラントともいうべき漢字の復権と東洋の回復を提唱し続けた。